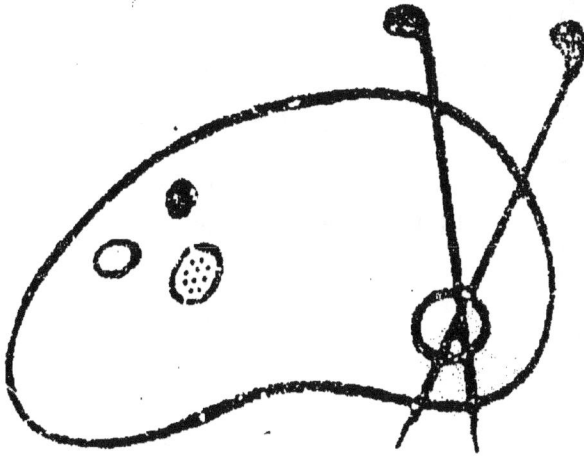

Couvertures supérieure et inférieure
en couleur

BIBLIOTHÈQUE DES ÉCOLES CHRÉTIENNES

3e SÉRIE

# BLANCHE

## ET

# ISABELLE

SUIVI DE

## LA VEUVE DU FAUBOURG SAINT-MARCEAU

ET DE

## CHUTE ET RÉHABILITATION

NOUVELLES

PAR THÉOPHILE MÉNARD

TOURS

Ad MAME ET Cie, IMPRIMEURS-LIBRAIRES

# BIBLIOTHÈQUE

## DE LA

# JEUNESSE CHRÉTIENNE

### APPROUVÉE

## PAR Mᵍʳ L'ARCHEVÊQUE DE TOURS

—

### 4ᵉ SÉRIE IN-12

Blanche et Isabelle.

1

# BLANCHE

## ET

# ISABELLE

SUIVI DE

## LA VEUVE DU FAUBOURG SAINT-MARCEAU

ET DE

## CHUTE ET RÉHABILITATION

NOUVELLES

### PAR THÉOPHILE MÉNARD

—

## NOUVELLE ÉDITION

## TOURS

### ALFRED MAME ET FILS, ÉDITEURS

—

### 1877

# BLANCHE

## ET

# ISABELLE

---

## I

Par une splendide journée du mois de mai dernier, M<sup>me</sup> Durnoz descendait de voiture à l'une des entrées du bois de Boulogne. Ses deux petites filles, qui l'accompagnaient, s'élancèrent à terre les premières, et prirent aussitôt leur course vers la première allée sous bois qu'elles aperçurent, en criant à tue-tête : « Par ici, petite maman, par ici ! Voyez-vous les jolies pâquerettes qui n'attendent que nous pour être cueillies ? »

La maman, malgré son embonpoint et ses trente-cinq ans au moins, suivit assez lestement ses filles. Quand elle fut arrivée auprès d'elles, elle voulut prendre un ton grondeur que démentait le sourire errant sur ses lèvres et dans ses yeux; cependant, de sa voix moitié fâchée, moitié caressante, elle formula ainsi sa redoutable gronderie : « Petites imprudentes, pourquoi vous mettez-vous à courir ainsi tout en entrant dans le bois? vous savez que nous avons une longue route à faire à pied, et je viens de renvoyer la voiture. Il fallait donc me dire ce que vous projetiez, j'aurais retenu le cocher pour vous faire monter quand vous seriez fatiguées.

— Mais non, mais non, petite mère, répondit Blanche (c'était le nom de l'aînée), vous savez bien que nous ne désirons rien tant, Isabelle et moi, que de faire une promenade à pied dans le bois de Boulogne. Nous l'avons déjà parcouru plusieurs fois en voiture, mais on ne peut suivre que les grandes allées; on ne peut pas courir dans les sentiers, se rouler sur le gazon; ou bien si l'on se permet de descendre pour faire quelque excursion, on ne peut pas s'éloigner de la vue de sa voiture sans s'exposer à la perdre; on est donc en quelque sorte tenu en laisse comme un chien qui ne peut pas courir plus loin que la corde à laquelle il est attaché. C'est pour nous affranchir d'une pareille gêne que nous avons demandé à faire cette promenade.

« — Oui, mais je n'entends pas que l'on se fatigue dès le début. Vois comme Isabelle a déjà chaud. » Et en disant ces mots elle attirait sa petite fille sur un banc, où elle la faisait asseoir et lui essuyait le front avec son mouchoir.

« Oh! maman, je vous assure que cette chaleur je l'ai apportée de la voiture, où j'étouffais, reprit Isabelle, en passant ses petits bras autour du cou de sa mère : et pour preuve embrassez-moi, et vous verrez que je n'ai pas plus chaud que quand vous m'avez embrassée vers l'arc de triomphe de l'Étoile. »

Et M^{me} Durnoz embrassa en riant sa chère Isabelle.

« Et moi, dit Blanche à son tour, est-ce que vous ne ferez pas la même épreuve en ma faveur?

— Bien volontiers, mon enfant. » Et elle pressa tour à tour sur son sein ses deux filles chéries.

« A présent, petite mère, reprit Blanche, nous ne vous quitterons pas. Voyons, par où allons-nous diriger notre promenade?

— Nous allons faire le tour de la rivière d'abord, en suivant le sentier qui se rapproche le plus du bord.

— C'est cela, c'est cela ! s'écrièrent toutes joyeuses les petites filles.

— Et nous nous amuserons à donner du pain aux cygnes et aux canards, dit Blanche.

— Oui, reprit Isabelle ; mais il en faudra garder pour les daims ; je serais si contente si le joli petit chevreuil que j'ai vu l'autre jour s'approchait en bondissant pour manger mon gâteau ! »

Et les deux sœurs, se tenant par la main, s'avançaient sur le sentier de sable fin bordé d'un frais gazon, toutes deux heureuses et insouciantes comme on l'est à leur âge, souriant à tout ce qu'elles voyaient, un oiseau, un papillon, une fleur. M^{me} Durnoz marchait à quelques pas derrière elles, heureuse du bonheur de ses enfants, ne voyant qu'elles, ne pensant qu'à elles.

Arrivées au bord de la rivière, les deux jeunes filles virent s'approcher d'elles deux cygnes qui allongeaient le cou pour demander la provende que les promeneurs, et surtout les enfants, ont l'habitude de leur donner ; elles leur jetèrent quelques miettes de pain ; en un instant, une nuée de cygnes et de canards de toutes formes, de toutes tailles, de toutes couleurs, s'élancèrent pour prendre part au festin, en faisant entendre

ces cris peu harmonieux qui sont l'unique chant
de ces palmipèdes.

Les deux sœurs riaient aux éclats en voyant
arriver tous ces nouveaux convives; mais ce qui
mit le comble à leur joie fut de voir deux ou
trois jolis canards de Barbarie, plus hardis que
les autres, sortir de l'eau, et s'en venir clopin
clopant sur le gazon manger jusque dans leur
main.

Tandis qu'elles se livraient avec toute la joie
de leur âge à ce divertissement bien innocent,
arriva près d'elles une jeune fille à peu près de
leur âge, mais mise avec une recherche, une
élégance et une richesse remarquables. Elle
était suivie d'un grand laquais dont la redin-
gote de livrée traînait jusqu'aux talons. Blanche,
qui d'un coup d'œil avait détaillé la toilette de
la nouvelle arrivée, s'était rapprochée de sa
mère, et semblait attendre, pour continuer ses
jeux, qu'elle se fût éloignée. Isabelle ne parut
pas faire attention à l'étrangère, et ne cessa pas
d'émietter son pain à ses canetons.

Cependant, quand la jeune personne fut arrivée près de l'endroit où s'étaient rassemblés
une partie des oiseaux aquatiques du lac, elle
s'arrêta, et, se tournant vers le domestique qui
l'accompagnait : « Jean, lui dit-elle, donnez-

moi la brioche et les biscuits; ces pauvres
bêtes n'ont, à ce qu'il paraît, pour tout régal
que du pain, et encore en petite quantité;
vous irez me chercher ensuite le nougat et les
dragées. »

Jean s'empressa d'obéir à sa maîtresse, et
tira d'un grand sac de maroquin trois énormes
brioches et je ne sais combien de biscuits; puis
il courut à la voiture chercher les autres objets
qu'elle avait demandés. En attendant son retour, la jeune fille lança quelques morceaux
de brioche au plus épais du groupe; elle se
divertissait beaucoup à voir celui qui s'était
emparé d'un morceau trop gros pour son bec,
poursuivi par ses voisins, qui le lui arrachaient
et souvent se le voyaient arracher par d'autres
à leur tour.

Mais cet exercice parut la fatiguer; elle attendit le retour de Jean, et dès qu'il fut arrivé,
elle le chargea des distributions. Jean s'en ac-
quitta en conscience; ce fut pendant dix minutes une pluie de brioches, de morceaux de
pâté, de nougat, de dragées et de pralines, qui
excitait les cris et les rixes les plus comiques
parmi la gent aquatique.

Isabelle, dès qu'elle avait entendu parler
l'étrangère, s'était bien gardée de continuer

ses mesquines distributions de pain, et elle
était venue rejoindre sa mère et sa sœur. Toutes
trois contemplaient ce spectacle réellement
amusant, et l'arrivée continuelle de nouvelles
bandes qui sortaient on ne savait d'où, et qui
accouraient de toute la force de leurs rames,
prendre leur part du festin.

Quand les succulentes provisions furent épui-
sées, la maîtresse de Jean lui dit d'un ton non-
chalant : « Faites approcher *ma* voiture ici
près ; je veux monter, je me sens lasse.

— Mais mademoiselle avait dit qu'elle ne
monterait qu'à la route des Cascades, et je
crains que le cocher n'y soit rendu.

— Tant pis, je veux monter ici, et je vous
ordonne d'aller sur-le-champ chercher *ma*
voiture. »

Jean obéit docilement à cette enfant. Il paraît
que la voiture n'était pas loin ; car en un instant
elle arriva au grand trot de deux chevaux frin-
gants, et s'arrêta sur la route à vingt pas de
l'endroit où était restée l'étrangère. Celle-ci,
dès qu'elle avait aperçu *sa* voiture, s'était dirigée à sa rencontre, en passant fièrement devant
M^me Durnoz et ses filles sans les saluer, sans
même les regarder ; elle s'élança rapidement
dans le fond de sa calèche, et, toute gonflée

d'orgueil et de crinoline, elle s'étendit noncha-
lamment sur les coussins.


## II


Aucun détail de cette scène n'avait échappé
à la mère ni aux enfants ; et ce fut, comme on
le pense bien, un des sujets de conversation,
tout en continuant la promenade.

« As-tu remarqué, Blanche, dit Isabelle à sa
sœur, la jolie robe de soie à je ne sais combien
de volants et le magnifique pince-taille de cette
demoiselle?

— Et son beau chapeau Louis XV, reprit
Blanche, avec cette large garniture de dentelles
et cette plume blanche si coquettement posée,
l'as-tu remarqué, toi?

— Certainement, répondit Isabelle, et de
plus j'ai jeté un coup d'œil sur son somptueux
équipage, avec ses deux chevaux bais, son cocher demi-poudré, et les armoiries qui brillent
sur les panneaux de la voiture. C'est probablement une jeune personne qui appartient à la
haute noblesse. »

Mᵐᵉ Durnoz, qui écoutait le babil de ses deux
petites filles, se mêla ici à leur conversation.

« Allons, je vois, leur dit-elle, que cette
demoiselle n'a pas perdu ses frais ; car elle avait
évidemment pour but de vous faire admirer sa
toilette et sa jolie calèche, et c'est uniquement
pour cela qu'elle a voulu monter en voiture sous
vos yeux.

— Je m'en suis bien doutée, bonne mère,
répondit Blanche ; mais ce que j'ai encore peut-
être mieux remarqué que sa toilette, c'est son
air de fierté, d'arrogance, de dédain, dont elle
a fait un étalage aussi complet que celui de ses
atours. Je ne connais pas assez le monde, ni
surtout le grand monde, pour juger si cet air-
là y est reçu ; mais pour moi, j'avoue franche-
ment qu'il me déplairait souverainement.

— Ma fille, tu as fait preuve de discernement
dans cette circonstance, et je t'en félicite. La
vanité puérile de cette petite fille ne t'a point
échappé ; mais, mon enfant, as-tu deviné la
cause de ces défauts ridicules aujourd'hui, et
qui peuvent devenir plus tard des vices incorri-
gibles ?

— Non, maman, répondit Blanche ; et toi,
Isabelle, l'as-tu devinée ?

— Peux-tu me faire une pareille question ?
est-ce que si toi, qui as deux ans et demi de
plus que moi, et qui as fait ta première commu-

nion, tu n'as pu le deviner, comment veux-tu que moi...

— Allons, allons, interrompit la mère, je comprends parfaitement que la cause de ces défauts vous ait échappé; faisons une petite station sur ce banc, placez-vous là chacune à côté de moi, et écoutez l'explication que je vais vous donner. D'abord, mes enfants, commençons par plaindre la pauvre enfant que nous venons de rencontrer. Sa physionomie est heureuse, il y a dans ses traits quelque chose qui annonce la bonté; mais elle a été gâtée par son entourage, et elle a reçu jusqu'ici la plus détestable éducation. Je pense qu'elle n'a plus de mère, et qu'elle est livrée aux soins de cette espèce de gouvernante ou femme de chambre qui est restée constamment assise sur le devant de la voiture, tandis que c'était elle et non Jean qui aurait dû accompagner sa maîtresse. Ensuite son ton de voix est extrêmement élevé, ce qui ne convient jamais à une jeune fille.

— Mais il fallait bien, maman, reprit Blanche, qu'elle fît l'énumération de toutes les bonnes choses qu'elle voulait donner aux canards, tandis que nous avions condamné les pauvres animaux au pain sec, ce qu'elle a eu soin de nous faire sentir.

— Je l'ai bien remarqué aussi, mes enfants ; mais sans parler de cette inconvenance, la chose en elle-même était parfaitement ridicule. Les canards, les oies, les cygnes, sont peut-être les oiseaux les plus voraces de la création ; ils ne sont ni gourmands ni gourmets, ils sont gloutons et dévorent avec la même indifférence tout ce qui tombe sous leur bec. Aussi je n'ai jamais voulu que vous leur donnassiez autre chose que du pain, et j'avoue que j'étais contrariée en leur voyant prodiguer tantôt toutes ces friandises qui eussent rendu si heureux de pauvres enfants ou de pauvres vieillards. C'était absolument la fable des perles jetées aux pourceaux.

« Quant aux armoiries qui décoraient sa voiture, je ne suis pas très-forte en science héraldique, mais j'en connais assez pour distinguer un blason régulier de celui qui ne l'est pas ; or j'ai reconnu que ces armoiries étaient un mélange de pièces et de figures héraldiques, fait sans discernement et contre toutes les règles. De là j'ai conclu que le père de cette jeune fille était probablement ce qu'on appelle un parvenu, c'est-à-dire un homme d'une condition obscure, de peu d'éducation, et que des circonstances favorables ont enrichi rapidement. Il n'arrive que trop souvent alors que ces personnes, oubliant que les riches ne sont que les dépositaires de ce qu'ils possèdent, et qu'ils en doivent une partie aux pauvres, négligent l'éducation de leurs enfants et se livrent à toutes sortes de dépenses exagérées et ridicules.

— Oh! combien je désirerais être riche, bien riche, s'écria Blanche, pour soulager tous les malheureux que je rencontrerais!

— Je crois à la sincérité de tes sentiments, ma Blanche : eh bien! moi, ta mère qui t'aime bien pourtant, tu n'en doutes pas, je suis loin de désirer pour toi ni pour ta sœur de grandes richesses.

— Et pourquoi donc, maman? répondirent ensemble les deux jeunes filles.

— Mes enfants, parce que les richesses corrompent et dessèchent le cœur, et que Jésus-Christ lui-même a dit dans l'Évangile qu'il est plus difficile à un riche d'entrer dans le ciel que de faire passer un câble dans le trou d'une aiguille. Mais en voilà assez sur ce sujet; continuons notre promenade. »

## III

On se dirigea vers le Parc-aux-Daims, et les petites filles s'amusèrent beaucoup à distribuer des brioches aux jeunes daims et aux chevreuils qui venaient les prendre dans leurs doigts. De là elles revinrent à la source de la rivière, qu'elles suivirent sous bois jusqu'à la Mare-aux-Biches, gravissant tous les ponts rustiques qu'elles rencontraient, ou s'amusant à cueillir des fleurs sur le gazon.

En arrivant près de la cascade de Long-champs, Isabelle trouva une riche ombrelle qui avait été oubliée sur un banc voisin.

« Oh ! maman, maman, voyez donc la jolie ombrelle que je viens de trouver ! dit-elle en accourant toute joyeuse vers sa mère.

— C'est plus qu'une jolie ombrelle, ma fille, c'est un objet de prix, et il est probable que celle qui l'a perdu le regrette beaucoup ; mais nous allons faire tous nos efforts pour retrouver cette personne, qui doit être une petite fille de votre âge ; car cette ombrelle n'est pas celle d'une grande personne.

— Mais, maman, est-ce que, puisque j'ai

trouvé cette ombrelle, elle ne devrait pas m'appartenir ?

— Non, ma fille ; ce que nous trouvons ne nous appartient pas : la loi de Dieu comme la loi des hommes défend de se l'approprier, et punit les contrevenants comme de véritables voleurs.

— C'est ce qu'on nous a appris au caté- chisme, observa Blanche, et l'on nous a ajouté que si après un certain temps écoulé le légi- time propriétaire ne se retrouvait pas, on de- vait vendre l'objet et en donner le produit aux pauvres.

—Mais, reprit Isabelle, comment retrouver celle qui a perdu cette ombrelle? Il y a peut- être quatre cents équipages qui se promènent dans le bois en ce moment; je ne puis aller dire à chaque voiture que je rencontrerai : Est- ce ici qu'on a perdu une ombrelle?

— Ne t'inquiète pas, ma fille, cette personne se retrouvera facilement. Si nous n'en enten- dons pas parler dans le cours de notre prome- nade, à notre retour à Paris je remplirai les formalités voulues, et il est probable que les réclamations ne se feront pas attendre.

— Maman, un moyen peut-être de retrouver plus facilement la propriétaire de l'ombrelle, ce serait de me permettre de la tenir ouverte en

place de la mienne; alors elle pourrait être facilement aperçue et réclamée par celle qui l'a
perdue.

— Non, ma fille, je ne te permettrai pas
d'employer ce moyen : d'abord parce que tu
t'exposerais en courant dans les fourrés à dé-
chirer les riches dentelles dont elle est gar-
nie; puis ceux qui te rencontreraient diraient :
Tiens, voilà une ombrelle qui n'est guère en
rapport avec la toilette simple de celle qui la
porte. Comment se fait-il qu'elle ait un meuble
si riche tandis que sa mère et sa sœur n'ont
que des ombrelles tout ordinaires, mais qui
conviennent à la simplicité de leur mise? Iras-
tu leur dire : Messieurs et Mesdames, c'est une
ombrelle que j'ai trouvée, et que j'étale ainsi
afin qu'elle soit reconnue de celle à qui elle appartient? D'abord ces réflexions ne se feront pas
tout haut; puis, quand même on connaîtrait ton
explication, on pourrait encore penser ou même
dire : C'est égal, on ne doit jamais se parer des
ornements d'autrui : cela rappelle toujours certaine fable de la Fontaine...

— *Le geai paré des plumes du paon*, interrompit en rougissant Isabelle. Je vous comprends, bonne mère; veuillez prendre et garder l'ombrelle, et n'en parlons plus. »

M^me Durnoz embrassa tendrement sa petite fille; puis, la prenant par la main ainsi que Blanche, elle leur dit : « Il me semble, mes enfants, que vous avez assez couru pour avoir gagné de l'appétit. Nous voici près du chalet de la cascade; si vous voulez, nous allons faire venir une collation, que nous mangerons sur l'herbe.

— Oh! oui, oui, bonne mère, » s'écrièrent ensemble les deux petites filles.

M^me Durnoz fit un signe à un garçon du chalet qui se trouvait sur la porte; il accourut, elle lui dit quelques mots, et en un instant un joli dé-jeuner fut apporté et étalé sur le gazon.

Tout en mangeant, les jeunes filles ne ces-saient d'adresser des questions à leur mère, sur les points de vue qu'on apercevait, sur le nom des villages et des châteaux qui couvraient le coteau voisin, enfin sur le joli petit moulin qu'elles voyaient dans la plaine, à une faible distance.

La mère s'empressa de satisfaire à toutes leurs questions, et de leur donner les renseignements les plus intéressants et les plus instructifs sur ces différentes localités. Il n'entre pas, comme on le pense bien, dans notre plan de repro-duire cette partie de sa conversation, cela nous

mènerait trop loin ; nous dirons seulement qu'à
l'occasion du moulin dont nous venons de parler, M^me Durnoz leur parla de Longchamps ,
dont ce moulin était le dernier reste ; elle leur
fit l'histoire de ce couvent, fondé par sainte
Isabelle , sœur de saint Louis et fille de la reine
Blanche.

« Et la reine venait-elle voir quelquefois sa
fille ? demanda Blanche.

— Fort souvent, répondit la mère ; le roi
saint Louis y venait également.

— En ce cas, reprit Blanche, ce n'est pas la
première fois que les noms de Blanche et d'Isabelle sont prononcés sous ces ombrages , et
peut-être la reine Blanche et sa fille se sont-elles
assises sous cet arbre où sont assises aujour-
d'hui une autre Blanche et une autre Isabelle ;
seulement l'une n'est pas une reine, et l'autre
n'est pas une sainte.

— Oui, mais il m'est plus facile de devenir
une sainte, répliqua Isabelle, qu'à toi de devenir une reine.

— Oh! je n'y tiens pas, je t'assure...

— Je le pense bien ! reprit la mère en riant.
Blanche n'a certes pas l'ambition de devenir
reine; qu'elle imite les vertus chrétiennes de sa
patronne, son horreur du péché mortel , et cela

lui vaudra une couronne plus précieuse que le diadème qui ceint le front des reines.

« Mais pendant que nous causons, les heures s'écoulent, et il est temps de songer à rentrer. Nous allons gagner par le chemin le plus direct l'avenue de Passy; arrivées dans ce village, nous prendrons une voiture, ou, si nous n'en trouvons pas, nous monterons dans l'omnibus.

— C'est ça, c'est ça, s'écria joyeusement Isabelle ; va pour l'omnibus, je n'y ai encore été qu'une fois dans ma vie, et cela m'amuse beaucoup. »

## IV

On se remit donc en route par un autre chemin ; mais ces petites jambes si lestes, si agiles en arrivant, commençaient, malgré le repos qu'elles venaient de prendre, à se sentir fatiguées. On n'avançait que lentement, et chaque fois que l'on trouvait un banc on s'y reposait un peu.

« Il faut avouer cependant, petite mère, que ces demoiselles qui ont un équipage à leur disposition ne sont pas malheureuses, se mit à dire Blanche en poussant un profond soupir, et qu'en ce moment une bonne voiture ne nous ferait pas de mal : qu'en dis-tu, Isabelle?

— Tiens, je suis bien de ton avis, et maintenant je me contenterais d'une simple charrette, voir même une brouette.

— Pourquoi alors, dit la mère, avez-vous insisté pour me faire renvoyer la voiture?

— D'abord, répondit Blanche, la voiture serait restée que nous n'aurions pas voulu y monter avant ce moment-ci; puis cette lassitude n'est rien, et dans un quart d'heure nous serons à Passy. Mais un autre motif, ma petite mère, si cette voiture était restée, je sais qu'elle coûte trois francs l'heure à attendre sans rien faire : eh bien! je n'aurais pas eu le moindre plaisir, en pensant que nos courses, nos jeux, nos moindres amusements nous coûtaient trois francs par heure. Voilà pourquoi je disais tout à l'heure que le sort de ces demoiselles qui sont riches et qui ont un équipage à elles est bien heureux.

— Ma fille, répondit Mme Durnoz, quand on est disposé à se plaindre de sa position, il ne faut jamais jeter ses regards au-dessus de soi. D'abord ce qu'on prend pour du bonheur n'en est le plus souvent que l'ombre; puis, à force d'envisager ces grands, leurs toilettes,

1*

leurs équipages, on est entraîné, sans s'en
douter, vers le vilain péché de l'envie, qui est,
comme tu,sais, un des péchés capitaux. C'est
donc au-dessous de soi qu'il faut regarder, et
alors on aperçoit une foule d'individus placés
dans des conditions pires que la nôtre, et qui
pourtant vivent, et vivent heureux. Nous ne
sommes pas riches, mes enfants, cela est vrai;
mais enfin nous jouissons d'une honnête mé-
diocrité, qui nous permet, en mettant de l'ordre
et de l'économie dans nos dépenses, de nous
donner quelquefois un peu de ce superflu qui
est le nécessaire des gens riches, et auquel ils
font à peine attention. Ainsi, mes enfants, vous
êtes-vous bien amusées dans votre promenade
aujourd'hui?

— Beaucoup, maman, beaucoup, répondirent
ensemble les deux sœurs.

— Eh bien! je parierais que pas une de ces
jolies demoiselles si bien parées, avec leurs
brillants équipages et leurs laquais galonnés,
ne s'est amusée autant que vous; non, pas
même la demoiselle *aux canards*; et que, s'il
fallait mettre en compensation la fatigue que
vous éprouvez avec le plaisir que vous avez
pris, elles consentiraient volontiers à être lasses
comme vous l'êtes, pour s'être amusées comme

vous l'avez fait. Tenez, mes enfants, reprit-elle
à voix basse, quand je vous dis de jeter les yeux
sur ceux qui sont dans une condition inférieure
à la vôtre, voici, je crois, une occasion qui se
présente de vous faire bien comprendre ma
pensée. Voyez-vous cette petite fille, à peu près
de l'âge de Blanche, qui chemine depuis plus
de dix minutes dans notre route, portant gaiement une hotte chargée d'herbages? Sa figure
paraît intelligente et fine : eh bien ! je suis persuadée que non-seulement elle n'envie pas le
sort de ces demoiselles du grand monde dont
parlait Blanche, que votre condition même serait pour elle quelque chose d'exagéré et d'impossible, mais que pour elle le bonheur con-
sisterait dans ce qui serait pour vous le comble
de la misère et du malheur. Venez, je vais l'a-
border. » Aussitôt, traversant obliquement la
route, M^me Durnoz s'approcha de la petite fille
et lui dit : « Mon enfant, sommes-nous bien
ici dans le chemin de Passy ?

— Oui, Madame, et il n'y a pas à vous trom-
per ; d'ailleurs je vais moi-même à Passy, où
nous demeurons, et si vous voulez je vous ser-
virai de guide.

— Bien volontiers ; mais j'ai là mes deux
petites filles qui sont un peu fatiguées, et je ne

veux pas que vous vous attardiez à cause d'elles.

— Oh! je ne suis pas pressée, et d'ailleurs moi aussi je suis bien un petit brin fatiguée, et si cela vous convient, nous nous reposerons une fois ou deux, ou trois si nous voulons. Tenez, pour commencer, voilà un endroit où j'ai l'habitude de m'arrêter; » et, sans attendre de réponse, elle détacha sa hotte, l'appuya contre un chêne et dit : « Mesdames, voilà un banc pour vous, moi je me repose mieux couchée sur l'herbe. » Et sans cérémonie elle s'étendit sur le gazon presque aux pieds des ces dames, mais en conservant une posture décente.

« Je crois bien, dit M^{me} Durnoz, que vous devez être fatiguée, car cette hotte est bien pesante pour vos épaules, et peut-être l'apportez-vous de bien loin?

— Oh! non, je ne viens aujourd'hui que de Puteaux et des environs de Rueil; mais quelquefois je vais jusqu'à Nanterre, à Chatou, et même à Saint-Germain; c'est alors que les bretelles de ma hotte semblent m'entrer dans les épaules.

— Pauvre enfant! je vous plains. Est-ce que vous répétez ces courses-là bien souvent?

— Tous les jours, Madame, quelque temps qu'il fasse.

— Est-ce pour les herboristes que vous cueillez ces herbages?

— Mais, maman, interrompit Blanche, vous n'avez donc pas vu ce que cette petite fille porte dans sa hotte? C'est du mouron pour les petits oiseaux.

— Je n'y avais pas fait attention. Ah! vous êtes donc une de ces marchandes qui crient tous les matins dans les rues : *Mouron pour les petits oiseaux!*

— Non, Madame, je cueille le mouron, mais je ne le crie pas dans les rues ; je le vends à une fruitière, et celle-ci le revend aux marchandes en détail.

— Mais, mon enfant, il me semble que si vous vendiez directement votre marchandise au public, sans passer par tous ces intermédiaires, qui vous enlèvent une partie de vos bénéfices, vous y auriez un grand avantage.

— Faites excuse, Madame ; si j'allais crier moi-même mon mouron dans les rues, ce jour-là serait entièrement perdu pour la cueillette ; je ne recevrais le prix de ma marchandise que de deux jours l'un, et le petit bénéfice que je ferais sur la vente en détail ne compenserait pas pour moi la perte d'une journée entière sans rien gagner. Encore faudrait-il supposer que je

vendrais tout mon mouron ; comme je n'ai pas
l'habitude de ce genre de travail, je ne saurais
choisir les quartiers convenables ; car il y a des
rues entières où l'on n'élève pas un oiseau : je
me trouverais donc exposée à crier en pure perte
une partie de la journée, tandis que les marchandes d'habitude, qui connaissent les bons
endroits, les auraient déjà parcourus quand je
m'y présenterais. Voyez-vous, Madame, comme
on dit : chacun son métier ; cet arrangement
pour la vente du mouron me paraît très-bien
fait dans l'intérêt de toutes les personnes qui
y prennent part. Ainsi je passe ma journée à
cueillir le mouron ; je le porte aussitôt à la fruitière, qui m'en paie la valeur, de vingt-cinq à
trente sous. Voilà ma journée gagnée, je n'ai
plus à m'occuper de rien. La fruitière reçoit de
cinq ou six autres *cueilleuses* (1) une quantité à
peu près égale de m rchandise ; elle arrange le
tout en bottes, qu'elle revend aux crieuses des
rues. Celles-ci ont pour la plupart leurs pra-

(1) Le mot *cueilleuse* n'est pas français, pas plus que
celui de *cueillette* appliqué au ramassage du mouron ; la
cueillette ne se dit que des fruits ; quant au mot cueilleuse,
il ne se dit jamais ; mais c'est une licence que s'est permise
notre petite marchande de mouron : et nous la lui passons,
faute de trouver nous-même une expression qui rende
aussi bien sa pensée.

tiques habituelles, et elles ne pourraient pas s'occuper de ramasser le mouron dans les champs, car elles ne connaissent pas les endroits convenables comme nous; puis cela leur ferait perdre le temps de la vente. Ainsi tout est arrangé pour le mieux, comme j'avais l'honneur de vous le dire. »

M<sup>me</sup> Durnoz avait écouté avec attention le babil de la petite fille, et elle ne pouvait se lasser d'admirer son bon sens. « Bien, dit-elle, mon enfant, je reconnais que vous avez raison; mais le métier que vous faites là est bien fatigant pour une enfant de votre âge : est-ce que vous n'aimeriez pas mieux une occupation plus sédentaire, comme l'état de lingère, de couturière, etc. ?

— Oh! non! Madame, je suis habituée au grand air, il me faut le grand air pour vivre, et j'étoufferais si j'étais obligée de rester des journées entières dans une chambre, quand même ce seraient de beaux appartements comme ceux que vous habitez sans doute, ou même ceux qu'habitent les princesses. »

M<sup>me</sup> Durnoz et ses filles se regardèrent en souriant à cette naïveté. « Vous voyez, mes enfants, dit la maman, que le luxe des appartements ne fait pas partie de ses rêves de bon-

heur; voyons maintenant pour autre chose; »
et, s'adressant à la jeune fille, elle reprit :
« Partez-vous de bonne heure pour votre occupation journalière ?

— Au plus tard à six heures; mais maman
me fait lever à cinq. Je fais ma prière, j'aide
ma sœur aînée à faire le ménage, puis je mange
une bonne soupe au lait et aux légumes, et je
me mets en route avec ma hotte, et un énorme
morceau de pain pour ma provision de la journée.

— Comment! s'écria Blanche d'un air piteux,
vous n'avez que du pain sec pour toute votre
journée? » Isabelle ne dit rien; mais elle poussa
un profond soupir, annonçant qu'elle partageait profondément la pitié de sa sœur pour
cette pauvre enfant réduite à ne vivre journel-
lement que de pain sec, et ses yeux presque
mouillés de larmes se tournèrent vers le visage
de la jeune fille.

Celle-ci, ne comprenant point cette espèce de
pitié dont elle était l'objet, répondit à Blanche
avec beaucoup de calme : « Certainement je n'ai
que du pain, mais j'en ai toujours en quantité
suffisante : il est même rare que je n'en rap-
porte pas le soir... Ah ! si je n'avais pas assez
de pain pour manger à mon appétit, c'est alors

que je serais réellement à plaindre. Et puis quelquefois je trouve des fraises sur la lisière des bois, ou bien des mûres sauvages, quelquefois aussi les paysans me donnent des pommes de terre, que je fais cuire dans un brasier que j'allume au milieu des champs; puis je vais m'asseoir au bord d'un ruisseau, je bois de l'eau meilleure que celle de Paris, et je fais là un repas délicieux.

— Et vous êtes heureuse dans ces moments-là? interrogea M<sup>me</sup> Durnoz.

— Oh! oui, Madame, heureuse comme l'impératrice! »

Toutes trois se mirent à rire de cette comparaison. Elles se levèrent de leur banc; la petite fille reprit sa hotte, et l'on se mit en marche, tout en continuant à causer.

## V

« Eh bien, mes enfants, dit à demi-voix M<sup>me</sup> Durnoz à ses filles, êtes-vous encore bien fatiguées? Voulez-vous laisser aller en avant cette petite fille qui marche trop vite pour vous peut-être?

— Non, maman; non, maman, répondirent

les deux sœurs; nous ne nous sentons plus de la moindre fatigue, et permettez-nous de causer avec elle le long du chemin, car elle nous intéresse beaucoup.

— Elle m'intéresse aussi, et je vous le permets bien volontiers. Elle vous a déjà donné une excellente leçon sur la modération dans les désirs, modération qui nous fait trouver le bonheur dans la satisfaction des goûts les plus simples, et non dans les plaisirs fastueux que donnent les richesses. »

Blanche aborda la première la petite marchande, et lui demanda son nom, le nombre de ses frères et sœurs, et quelques détails sur son histoire. La petite fille ne se fit pas prier. « Nous sommes quatre enfants, dit-elle, deux garçons et deux filles; c'est moi qui suis la plus jeune de la famille. Je me nomme Christine Labriche. Nous ne sommes pas de ce pays-ci, nous sommes des environs de Chartres en Beauce. Il y a cinq ans, après plusieurs mauvaises récoltes, mon père, ne trouvant plus rien à gagner au pays, nous emmena tous à Paris. Cette route était bien longue pour moi, et mes pauvres petites jambes furent bientôt fatiguées.

— Comment! interrompit Isabelle, vous faisiez cette route-là à pied?

— Et comment l'aurions-nous faite autrement? Il faut de l'argent, beaucoup d'argent, pour voyager en voiture ou en chemin de fer, et nous n'en avions pas.

— Et pour vivre dans les auberges? objecta Blanche.

— Nous n'entrions jamais dans les auberges; nous avions emporté avec nous une certaine quantité de provisions, que nous mangions en route; la nuit nous recevions l'hospitalité dans les fermes. Enfin, pour en revenir à moi, mon père, ma mère, et mon frère aîné, qui était très-grand, furent obligés de me porter tour à tour. Bref, nous arrivâmes à Paris, ou plutôt à Passy, car nous nous sommes installés dans ce village, et nous y sommes toujours restés. Au bout d'un an mon père tomba malade et mourut. Ce fut un rude coup pour notre mère et pour nous. La pauvre femme en fut malade à son tour, et faillit mourir aussi ; c'eût été pour nous le coup de grâce; mais le bon Dieu daigna la sauver, et nous avons toujours regardé sa guérison comme un miracle. Voici comment elle eut lieu.

« Un jour, dans un de ses plus violents accès de fièvre, notre mère nous appela tous es quatre; elle nous fit ranger autour de son lit, mon grand frère et ma grande sœur à la tête, et mon petit frère et moi sur le devant. Prenant alors dans sa main un crucifix, elle nous donna sa bénédiction, en disant : « Mes enfants, je crois que je vais mourir, et j'ai bien du regret de vous quitter; cependant je crois que j'ai encore une chance de salut. J'ai fait vœu de vous envoyer tous les quatre prier au tombeau de sainte Geneviève, ma patronne et celle de Paris. Allez-y, mes enfants, sans plus de retard; la voisine me gardera pendant votre absence. Si, à votre retour, je ne suis pas morte, ce sera un signe que Dieu aura exaucé en ma faveur la prière de la sainte bergère. » Nous ne voulions pas nous éloigner de notre mère dans l'état où elle était. Mais elle nous pressa tant, et la voisine joignit de telles instances aux siennes, que nous nous décidâmes à aller à l'église Saint-Étienne-du-Mont. Eh bien! Mesdemoiselles, vous le croirez si vous voulez, à l'instant où nous eûmes allumé un cierge sur le tombeau et commencé notre prière, ma mère se sentit soulagée, et quand nous arrivâmes à la maison, nous la trouvâmes sans fièvre, et seulement avec un reste de faiblesse. Dès lors elle est allée de mieux en mieux, et elle s'est assez bien rétablie, quoiqu'il lui reste toujours un peu de

souffrance. Vous pouvez penser, mes bonnes demoiselles, ajouta Christine, si depuis ce temps-
là j'ai pleine confiance en sainte Geneviève.

— Oh! nous vous croyons bien, répondit
Blanche.

— Et si vous saviez combien de fois depuis
elle m'a protégée dans les dangers que j'ai cou-
rus? Tenez, si je ne craignais pas de vous en-
nuyer, je vous raconterais ce qui m'est arrivé
pas plus tard qu'il y a trois semaines, et vous
verriez si j'ai raison de compter sur cette sainte
patronne.

— Racontez, racontez, dirent les deux sœurs,
cela nous intéresse beaucoup.

— Vous saurez donc, mes bonnes demoiselles, qu'il y a trois semaines je me trouvais
dans la plaine de Nanterre, quand vers midi
trois jeunes messieurs, je devrais plutôt dire
trois mauvais garnements, accompagnés d'un
gros chien tout aussi méchant qu'eux, se trou-
vèrent devant moi et voulurent me faire peur
avec leur chien. Il est vrai qu'ils le tenaient en
laisse; mais cette laisse était longue, et ils le
laissaient arriver presque jusque sur moi en
aboyant et en menaçant de me mordre. J'étais
bien effrayée, je vous assure; je pleurais et je
les suppliais, en les appelant par leur nom, de

retenir leur chien, car je les connaissais tous
trois. L'un était le fils de M. Baudry, riche
bourgeois, rentier; l'autre, le fils de l'épicier
de Nanterre; et le troisième, le fils du jardinier
de M. Baudry. Mais plus je les suppliais, plus
je pleurais, plus ils riaient de mes larmes et
de mes prières. Enfin, après un grand quart
d'heure de tourments, ils me laissèrent tranquille et continuèrent leur route, et moi je me
dirigeai d'un autre côté pour ne plus les rencontrer.

« Deux heures après cette scène je ne pen-
sais plus à eux, et comme le temps était à l'o-
rage, je me disposais à me rapprocher d'une
ferme où je trouverais un abri si le temps
devenait trop mauvais. Tout à coup j'entendis
derrière moi les aboiements d'un chien; je me
retournai, et je vis mes trois persécuteurs qui
suivaient la même route que moi. Je hâtai le
pas dans la crainte qu'ils ne m'atteignissent;
ils me crièrent de les attendre, je redoublai de
vitesse; ils crièrent une seconde fois que si je
ne les attendais pas, ils allaient lâcher après
moi leur chien, qui saurait bien m'attraper. Je
ne les écoutai pas davantage, mais ces méchants
garçons exécutèrent leur menace, et lancèrent
leur chien sur moi. Dès que je m'aperçus que

le chien était à ma poursuite, je me sentis perdue ; j'étais encore à cent pas de la ferme, et il m'aurait atteinte bien avant mon arrivée. Dans ma détresse, je songeai à implorer ma protectrice habituelle, et, me tournant vers l'église de Nanterre, que j'apercevais de l'endroit où j'étais, je m'écriai : « Grande sainte Geneviève, secourez-moi. » J'avais à peine achevé cette prière que je fus éblouie par un éclair comme je n'en ai jamais vu, et en même temps assourdie par un coup de tonnerre comme je n'en ai jamais entendu ; au même instant aussi les aboiements du chien qui me poursuivait avaient cessé. Je tournai les yeux de ce côté, et j'aperçus cet animal couché sur le dos, les quatre pattes en l'air : il avait été foudroyé du coup de tonnerre qui venait de m'effrayer si fort. J'aperçus en même temps les trois jeunes gens qui s'étaient réfugiés sous un gros arbre, et qui paraissaient en proie à la plus vive terreur. Je continuai mon chemin vers la ferme, où j'arrivai avant la pluie, et en remerciant sainte Geneviève. Depuis ce temps-là j'ai rencontré plusieurs fois le fils Baudry, soit seul, soit accompagné de ses camarades ; jamais ils ne m'ont plus adressé la parole, et même ils passent devant moi en baissant le nez d'un air tout confus.

Ainsi vous voyez combien je dois avoir confiance
en sainte Geneviève.

— Et vous avez bien raison, dit M^me Durnoz;
priez aussi la sainte Vierge, et tant que vous
vous rendrez digne de ces deux puissantes protectrices, aucun danger ne vous atteindra. Mais,
mon enfant, vous nous avez dit que vous êtes
la plus jeune de la famille : que font vos frères
et vos sœurs? Ils doivent aussi travailler à aider
votre mère?

— Mon frère aîné, qui était un grand bel
homme, s'est vendu comme remplaçant dans
un régiment de carabiniers à Versailles. Avec
l'argent de son remplacement il a payé l'apprentissage de ma sœur, qui est blanchisseuse
de fin, et l'apprentissage de mon jeune frère,
qui apprend l'état de menuisier. Du surplus de
son argent il aurait bien voulu pouvoir acheter
pour ma mère le fonds de la fruitière à qui je
vends tous les jours mon mouron; mais il manque deux cents francs, et malheureusement il
ne nous est pas possible de les trouver.

— Est-ce que ce serait bien avantageux, demanda Blanche, cette boutique de fruitière?

— Certainement, Mademoiselle, ce serait
tout ce que nous pourrions désirer de plus
heureux. Ma mère et moi nous tiendrions la

boutique; ma sœur, qui vient de finir son apprentissage, et qui commence à gagner un peu
d'argent, travaillerait chez nous; je n'irais plus
courir les champs toute la journée, comme je le
fais, quoique cela m'amuse assez; mais ma mère
prétend que je commence à être trop grande
pour aller ainsi toute seule dans la campagne.

— Et votre mère a bien raison, appuya
M<sup>me</sup> Durnoz.

— Sans doute; puis il faut que je fasse ma
première communion, et je ne pourrais pas
fréquenter le catéchisme si j'étais toute la journée dans les champs. Il faut donc pour cela que
j'aie une occupation sédentaire : mais comment
faire si nous ne pouvons arriver à nous procurer cette somme? Ce que je gagne passe en en-
tier aux dépenses du ménage. Ma sœur a déjà
mis dix francs à la caisse d'épargne; et elle croit
pouvoir en mettre autant tous les mois; mais il
faudra bien du temps avant que cela puisse faire
deux cents francs; et si d'ici là il se trouvait
un autre acquéreur pour la fruitière, ou si elle
venait à mourir... Enfin, à la garde de Dieu!
Parfois je me dis : Bah! il ne faut pas se décourager; sainte Geneviève nous protége, et il se
pourrait bien faire que nous réussissions malgré les apparences contraires. »

Tout en causant, on était arrivé sur la pe-
louse qui s'étend entre le Ranelagh et la Muette.
Blanche et Isabelle s'éloignèrent un instant en
causant tout bas; puis elles revinrent trouver
leur mère et lui dirent : « Maman, nous avons
chacune trois francs que vous nous avez
donnés pour nos menus plaisirs; si vous vouliez
le permettre, nous les donnerions à Christine
pour les ajouter à leur livret de caisse d'é-
pargne.

— Bien, mes enfants, je vous le permets;
moi-même je veux m'associer à votre bonne
œuvre; mais auparavant, quoique j'aie tout
lieu de croire le récit de cette petite fille sin-
cère, je veux m'assurer si cette famille est réellement digne de l'intérêt qu'elle doit inspirer
d'après ce qu'elle nous a dit. »

On entra dans Passy. Bientôt on arriva devant le logement de la petite marchande de
mouron, qui s'apprêta à prendre congé de ses
nouvelles connaissances.

« Christine, dit Mme Durnoz, pensez-vous
que cela ne contrarierait pas trop votre mère
si nous entrions nous reposer un instant chez
elle?

— Oh! non, non, Madame, bien certainement, répondit Christine tout en rougissant;

mais notre chambre est petite et n'est guère belle, pour recevoir de belles dames comme vous. » Et tout en disant ces mots elle montait alerte et vive le second étage, qu'elle habitait, pour prévenir sa mère.

En un instant, la veuve Labriche parut sur l'escalier, et engagea ces dames à monter.

M^{me} Durnoz et ses filles répondirent à cette invitation, et furent bientôt installées dans le petit logement. Il était d'une extrême simplicité, garni des meubles les plus indispensables, mais propres et bien tenus. Sur la cheminée, un crucifix sculpté en bois était accompagné à droite d'une image de l'Immaculée Conception, et à gauche d'une gravure représentant sainte Geneviève.

M^{me} Durnoz causa quelques instants à demi-voix avec la veuve Labriche; elle lui parla, comme on pense bien, de sa petite Christine. La veuve confirma la bonne opinion que M^{me} Durnoz s'était formée de cette enfant, et lui parla effectivement de son projet d'acquisition du fonds de la fruitière, ainsi que des obstacles qui s'opposaient à l'exécution de ce projet.

M^{me} Durnoz, complétement éclairée maintenant sur ce qu'elle voulait savoir, dit à Blanche : « Ma fille, nous allons partir; mais auparavant remets à Christine ce que vous avez résolu de lui donner pour grossir son petit trésor de la caisse d'épargne.

— Oh! Madame, s'écria la veuve, comment vous remercier!...

— Vous ne me devez point de remercîment; ce sont mes petites filles qui ont eu cette idée; cet argent leur appartient, elles étaient libres d'en disposer comme bon leur semblait; elles veulent le donner à votre petite Christine, qui leur a plu beaucoup.

— Christine, dit Blanche en lui tendant un petit papier dans lequel se trouvaient dix francs (M^{me} Durnoz avait ajouté quatre francs aux six francs fournis de la bourse de ses filles), voilà pour avancer d'un mois le moment où vous pourrez acheter votre fruiterie.

— Que vous êtes bonne, Mademoiselle! répondit Christine en baisant la main qui lui tendait ce papier.

— Bienheureuses les enfants qui sont élevées dans de tels principes! s'écria la veuve Labriche. Bienheureuses les mères qui possèdent de telles enfants! »

M^{me} Durnoz et ses filles avaient gagné la rue et s'étaient empressées d'aller prendre place dans l'omnibus.

## VI

Pendant tout le trajet de Passy chez elles, et pendant toute la soirée, leur promenade au bois de Boulogne fut l'objet de la conversation de Blanche et d'Isabelle. Mais les brillantes toilettes et les somptueux équipages n'occupèrent guère leur souvenir; la petite marchande de mouron, son babil, son bon sens, sa gaieté, avaient fait oublier tout le reste. « Ah! si nous étions assez riches pour payer les deux cents francs qui manquent pour acquérir ce fonds de fruiterie! » C'était là le refrain qui revenait à chaque instant.

M^me Durnoz, une demi-heure après son retour, avait envoyé porter chez le commissaire de police de son quartier la jolie ombrelle trouvée par Isabelle. Après avoir rempli cette formalité, elle n'y songeait plus, lorsque deux jours après une voiture s'arrêta à la porte, et une dame avec une charmante demoiselle en descendit et demanda à parler à M^me Durnoz. Elle se fit annoncer sous le nom de M^me la comtesse de N***. Dès qu'elle fut introduite dans le salon : « Madame, dit-elle, nous venons, ma fille et moi, vous faire une visite de remerci-

ment; c'est vous qui avez trouvé au bois de
Boulogne une ombrelle que ma fille y avait
perdue, et à laquelle elle attache un prix d'affection bien supérieur à sa valeur réelle, car
c'est un présent de sa bonne maman; aussi était-
elle bien désolée en s'apercevant de cette perte,
et elle a été bien heureuse en apprenant qu'elle
était retrouvée.

— Madame, répondit en souriant M^{me} Durnoz, il faut rendre justice à qui de droit; ce
n'est pas moi qui ai trouvé l'ombrelle, c'est ma
fille cadette, Isabelle, que j'ai l'honneur de vous
présenter. Permettez-moi de vous présenter en
même temps Blanche, ma fille aînée, qui, si
elle n'a pas eu la chance de trouver l'ombrelle,
n'en a pas moins le vif désir de vous offrir ses
hommages, car elle vient de me dire tout bas
qu'elle connaît depuis longtemps Mademoiselle.

— Comment, elle connaît Louise! et toi,
Louise, connais-tu Mademoiselle?

— Oui, maman, je l'ai vue souvent au catéchisme; et nous avons fait notre première communion ensemble.

— Oh! mais, c'est charmant! cela se rencontre à merveille! Allons, ma fille, embrasse
ces demoiselles, fais tes remercîments à M^{lle} Isabelle, et invite-les toutes deux à notre fête de

jeudi prochain. Voici, Madame, continua la comtesse en s'adressant à M<sup>me</sup> Durnoz, de quoi il s'agit. Chaque année, au moment de partir pour la campagne, nous avons l'habitude de former une réunion d'enfants de notre connaissance. Il y a jeux, collation, musique, danse; puis, pour que la fête soit complète, nous y faisons participer les pauvres. Il y a une loterie, composée d'objets de vêtements à l'usage des petites filles. Chacune des jeunes personnes de notre société, comme vous, Mesdemoiselles, si vous nous faites l'honneur de répondre à notre invitation, a le droit d'amener avec elle *une protégée;* c'est une petite fille pauvre qu'elle amène, et qui a droit au tirage de la loterie. Il y a aussi une collation pour les *petites protégées,* et ce sont les demoiselles protectrices qui sont chargées de veiller à ce que celle qui est sous sa protection reçoive une part convenable de la réfection. La soirée se termine par une quête, dont le produit est consacré à une bonne œuvre, ordinairement indiquée par les jeunes protectrices en faveur d'une ou de plusieurs de leurs protégées (1). Eh bien ! Mesdames, qu'en pen-

(1) On sait que ces sortes de fêtes de bienfaisance ont lieu assez souvent dans certaines familles du faubourg Saint-Germain.

sez-vous? cette fête vous sourit-elle? Avez-vous
une protégée? C'est une condition essentielle,
mais cela ne serait pas un obstacle ; car nous
vous en fournirions une bien facilement : Louise
en a toujours au moins une demi-douzaine à sa
disposition.

— Madame, reprit M<sup>me</sup> Durnoz, ce n'est point
faute d'une protégée que mes filles n'accepte-
raient pas votre invitation ; elles en ont une, au
contraire, une à qui elles portent un véritable
intérêt, et c'est dans l'espoir de lui être utiles
qu'elles acceptent avec reconnaissance l'honneur
que vous voulez bien leur faire.

— Allons, c'est à merveille. Maintenant rap-
pelez-vous bien, Mesdames, que la réunion commence à une heure après midi, heure très-pré-
cise, heure militaire, comme dit mon mari. »
M<sup>me</sup> la comtesse salua et se retira.

Il est inutile de dire quelle était la protégée
de Blanche et d'Isabelle. On eut soin de prévenir deux jours auparavant la petite marchande
de mouron, pour que ce jour-là elle n'allât pas
dans les champs, et qu'elle se rendît dès le matin chez M<sup>me</sup> Durnoz : on voulait passer l'inspec-
tion de sa toilette, et ajouter ce qui pourrait
lui manquer. Elle arriva le matin avant neuf
heures. Elle avait mis sa toilette des dimanches,

toilette bien usée, bien passée, mais propre.
M<sup>me</sup> Durnoz lui acheta seulement une paire de
bottines, en place des gros souliers qu'elle avait
aux pieds, et qui auraient pu la faire tomber
sur le parquet des salons; elle lui acheta aussi
une paire de bas blancs, en place des bas rapié-
cés qu'elle portait.

Quand on arriva chez M<sup>me</sup> la comtesse de
N***, Christine resta quelque temps étourdie,
et sans voir ce qui se passait autour d'elle. Peu
à peu elle se remit, grâce aux encouragements
de Blanche et d'Isabelle ses protectrices, et bientôt elle reprit assez d'assurance pour répondre
convenablement aux questions qui lui étaient
adressées. M<sup>me</sup> Durnoz avait fait l'histoire de
la petite marchande de mouron, de la manière
dont elle l'avait rencontrée, et cette histoire
avait intéressé tout le monde. Christine devint
la *lionne* de la fête; elle eut, dans la part des
lots de la loterie, un tablier noir à manches,
une robe d'indienne, un fichu, un bonnet; mais
le plus beau de tout, c'est qu'il fut décidé à
l'unanimité que la quête de la soirée serait faite
à son profit, pour aider sa mère à acheter le
fonds de fruiterie.

La quête produisit trois cent vingt francs !
M<sup>me</sup> Durnoz et ses filles reconduisirent Chris-

tine à sa mère pour lui remettre cette somme.
Nous renonçons à peindre la joie de la bonne
femme.

« Mais il y a plus d'argent qu'il n'en faut!

— Le surplus vous servira, répondit M$^{me}$ Durnoz, pour acheter des marchandises. »

La grande sœur était là, qui pleurait de
joie sans pouvoir proférer une parole, et qui
seulement, de temps en temps, baisait les
mains de Blanche et d'Isabelle. Christine ne
cessait de répéter : « C'est la protection de
sainte Geneviève qui a fait tout cela. » Enfin
M$^{me}$ Durnoz ne voulut pas faire les choses à
demi. Elle fit venir la fruitière; tout fut convenu et arrêté, et un engagement par écrit fut
signé de part et d'autre.

Cela fait, la mère et les deux filles se reti-
rèrent. Quand elles furent en voiture, Blanche
s'écria : « Oh! qu'on est heureux quand on se
sent l'objet des bénédictions de toute une famille!
Jamais, je crois, depuis le jour de ma première
communion, je n'ai goûté autant de bonheur
qu'aujourd'hui! »

# LA VEUVE

## DU

# FAUBOURG SAINT-MARCEAU

—◆◆◆—

## I

Le 9 février 1857, une foule immense encombrait la rue Mouffetard, la plus populeuse du populeux faubourg Saint-Marceau. Cette foule, qui grossissait de moment en moment, était composée en majeure partie des habitants du quartier, un des plus pauvres de Paris. L'ouvrier avait quitté son atelier, les femmes avaient abandonné les soins de leurs ménages ou leur labeur quotidien, les enfants avaient eu congé ce jour-là, et tous, l'air grave et recueilli, se pressaient aux abords de l'église Saint-Médard, déjà remplie de fidèles. Sur cha-

cune de ces figures on voyait empreinte la
douleur la plus vraie, la plus profonde, comme
celle qu'inspire à des enfants affectueux l'ac-
complissement des derniers devoirs rendus à
une mère bien-aimée. C'était, en effet, le convoi
de la mère des pauvres, de leur mère à tous,
de sœur Rosalie (1), en un mot, que voulaient
honorer de leur présence ces bons ouvriers du
faubourg.

Depuis plus de cinquante ans, l'humble fille
de saint Vincent de Paul habitait au milieu
d'eux, et Dieu seul peut savoir toutes les misères
qu'elle a soulagées, toutes les afflictions qu'elle
a consolées, tous les bienfaits qu'elle a répan-
dus pendant la durée de ce demi-siècle, dont
pas un jour, et, pour ainsi dire, pas un instant
ne fut perdu pour son active charité. Accessible

(1) Jeanne-Marie Rendu, en religion sœur Rosalie, née
en 1787 à Comfort, département de l'Ain, entra comme
novice, à seize ans, dans la maison des sœurs de la Charité,
située alors rue du Vieux-Colombier, à Paris, dans l'em-
placement qu'occupe aujourd'hui la caserne des pompiers.
(En 1813, la maison des sœurs de la Charité fut transférée
rue du Bac, 152, où elle existe actuellement.) Sœur Rosalie, son noviciat terminé, fut envoyée comme religieuse
dans la maison du même ordre, située rue de l'Épée-de-
Bois, dans le faubourg Saint-Marceau, maison dont elle
devint supérieure à vingt-cinq ans, et d'où elle ne sortit
que pour être portée au cimetière le 9 février 1857.

À tous et à toute heure, sans distinction d'âge, de sexe ni de condition, il suffisait pour approcher d'elle qu'on fût malheureux ; c'était là la meilleure recommandation pour exciter non-seulement sa pitié et sa compassion, mais cette charité active dont nous venons de parler, et qui n'est autre chose qu'un ardent amour du prochain, la plus sublime vertu du chrétien après l'amour de Dieu.

Mais le bien que faisait sœur Rosalie n'était pas concentré seulement dans l'enceinte de son faubourg ; les malheureux de tous les quartiers de l'immense cité la connaissaient et bénissaient son nom ; les riches et les grands la connaissaient aussi, et plus d'un en a reçu de sages conseils et de précieux avis qui ont ramené la paix dans une famille, empêché dans une autre un scandale d'éclater, préservé celle-ci de la ruine, et inspiré à toutes ces sentiments de charité envers les pauvres dont son cœur était pénétré. « Elle avait vu venir à elle, dit un de ses biographes, et s'asseoir sur les bancs de son modeste parloir, les plus grands personnages de son époque, ceux du premier empire, de la restauration, de la royauté de juillet, comme ceux de la république de 1848 et du régime actuel : la duchesse d'Angoulême, la reine Amélie, le général Cavaignac, l'empereur Napoléon III et l'impératrice Eugénie, sans parler de plusieurs sénateurs, pairs de France, prélats, conseillers d'État, et de femmes du plus haut rang et du plus beau nom (1). » Aussi des représentants de toutes les classes de la société et de tous les quartiers de Paris s'étaient rendus à son convoi; et à chaque instant la foule compacte des gens du faubourg s'ouvrait pour livrer passage à des voitures de place ou de remise, et même à des équipages armoriés. Dans ces voitures se trouvaient des magistrats, des hommes du monde, des médecins, des avocats, des dames titrées du faubourg Saint-Germain, des personnes appartenant à la maison de l'empereur.

Sœur Rosalie avait expressément recommandé, pendant sa dernière maladie, qu'on ne fît aucune cérémonie pompeuse à son enterrement, et que son corps fût porté au cimetière dans le corbillard des pauvres. Ses intentions furent suivies; seulement, comme elle était membre de la Légion d'honneur, un piquet d'infanterie escorta le modeste corbillard, ainsi qu'il est d'usage pour les enterrements de

(1) Notice sur la sœur Rosalie, publiée par Anot de Maizières, dans le *Journal pour tous*, n° 11.

tous les légionnaires. Mais ce que la modestie
de la bonne sœur n'avait pu prévoir et ce qu'elle
aurait vainement tenté d'empêcher, c'était le
concours immense du peuple, qui se pressait à
ses funérailles, et qui formait de cet enterrement si simple un convoi plus magnifique que
celui d'un prince.

A peine le char funèbre se fut-il mis en
marche dans la direction du cimetière, que
toute cette foule qui encombrait la rue le
suivit en bon ordre et dans un profond silence,
qu'interrompaient seulement des sanglots ou
des paroles prononcées à voix basse en l'honneur de celle que l'on accompagnait à sa dernière demeure. Touchant panégyrique, plus
éloquent et plus vrai que bon nombre de ceux
qui sont composés avec plus d'appareil et
d'éclat!

On a évalué de quarante à soixante mille le
nombre des personnes venues de tous les points
de Paris et des environs pour suivre son
convoi.

Arrivé dans l'enclos funèbre, tout le monde
*versa des larmes avec des prières,* puis la foule
s'écoula lentement, et comme à regret, de cette
terre qui venait de recevoir un dépôt si précieux.

## II

Tout à coup une rumeur s'élève d'un groupe nombreux resté autour de la fosse qu'on achevait de remplir de terre. Une femme vient de tomber sans connaissance sur le bord de cette fosse. Deux enfants, deux petites filles, jettent des cris déchirants en appelant leur mère. On s'empresse autour de cette femme inanimée ; déjà quelques-uns répètent tout bas qu'elle est morte ; d'autres plus avisés demandent si dans la foule il n'y aurait pas un médecin. « Un médecin ! un médecin ! crie-t-on aussitôt de tous côtés : y aurait-il ici un médecin ? »

Presque au même instant un homme d'une quarantaine d'années, d'une belle et noble physionomie, sur laquelle se peignent tout ensemble l'intelligence, la bonté et la fermeté, s'avance vers le plus épais du groupe en disant : « On a réclamé un médecin, je le suis : de quoi s'agit-il ? »

Tout le monde s'écarte pour le laisser passer ; chacun ôte son chapeau, car quelques-uns ont reconnu un des premiers médecins d'un de nos grands hôpitaux; puis la boutonnière de son habit noir est orné de la rosette d'officier de la Légion d'honneur, et ce signe suffit pour inspirer le respect à ceux qui ne le connaissent pas. « C'est le docteur X***, murmurent tout bas quelques-uns; si la pauvre femme n'est pas morte, elle aura de la chance; il l'aura bientôt guérie. »

Le docteur X*** n'a pas besoin de répéter sa question; le groupe en s'ouvrant lui laissa voir une femme évanouie, étendue sans mouvement sur le sol. Après un examen rapide, le docteur essaya de lui faire respirer un flacon de sels qu'il portait sur lui, puis il demanda un verre d'eau fraîche. Deux ou trois personnes coururent aussitôt en chercher. Pendant ce temps-là, le docteur s'adressant à ceux qui l'entouraient, leur demanda: « Y a-t-il quelqu'un parmi vous qui connaisse cette femme et qui puisse indiquer sa demeure?

— Nous ne la connaissons pas, répondirent plusieurs voix; mais voici ses enfants, qui pourront probablement vous donner des renseignements. »

Alors on fit avancer les deux petites filles, que le docteur n'avait pas remarquées. Il répéta à l'aînée sa question en ajoutant : « Que fait votre père ? »

La pauvre enfant, à travers ses sanglots, put à peine articuler ces mots : « Notre père est mort il y a longtemps; nous demeurons rue Gracieuse, 10.

— Rue Gracieuse ? reprit le docteur : n'est-ce pas dans le faubourg Saint-Marceau ?

— Oui, Monsieur, dit un des assistants; cette rue donne d'un côté rue Lacépède, et de l'autre rue de l'Épée-de-Bois.

— Ah ! je comprends, fit le docteur X***, c'était une voisine et probablement une protégée de sœur Rosalie, la mère des veuves et des orphelins. Mes amis, ajouta-t-il, il y a trop loin d'ici à la demeure de cette femme, et je la crois trop faible pour supporter le transport, même en voiture : y aurait-il parmi vous quelqu'un qui demeurât dans le voisinage, et chez qui on pourrait lui donner les premiers soins jusqu'à ce qu'elle fût en état d'être portée chez elle ou à l'hôpital ? »

Il se fit un profond silence parmi tous les spectateurs, hommes et femmes; ce n'était pas mauvaise volonté de leur part; mais tous étaient des habitants du faubourg Saint-Marceau ou de quartiers encore plus éloignés. Quand le docteur connut cette circonstance : « Allons, mes amis, il ne faut pas se décourager; tâchez de vous procurer un brancard et un matelas, et vous m'aiderez à la transporter chez le pharmacien le plus proche d'ici; après nous verrons. »

Deux ou trois hommes partirent aussitôt pour chercher ces objets.

En ce moment arrivaient plusieurs femmes, les unes avec une tasse de bouillon, les autres avec du vin, d'autres avec de l'eau, du sucre, de la fleur d'oranger; un autre apportait un fauteuil et une chaise pour asseoir la malade. Le docteur les remercia beaucoup de leur empressement; mais il leur fit observer que la malade ne pouvait rien prendre pour le moment, et qu'il valait mieux qu'elle restât couchée sur la terre en attendant l'arrivée d'un matelas, que de la faire asseoir dans un fauteuil. Il se contenta de tremper ses doigts dans un verre d'eau et en lança quelques gouttes au visage de la femme évanouie; cela suffit pour produire sur elle une certaine sensation, suivie d'un profond soupir.

« Voilà qui va bien, dit le docteur; maintenant voici nos hommes qui arrivent avec un brancard et un matelas. (Ils avaient trouvé ces objets chez le concierge du cimetière, qui s'était

empressé de les mettre à leur disposition,
quand il avait su de quoi il s'agissait.) A présent, continua-t-il, placez-la bien doucement
sur ce matelas, puis que quelques hommes de
bonne volonté se dévouent à la transporter où
nous avons dit, puisque nous ne pouvons pas
lui trouver un asile plus près; cette bonne
œuvre sera la meilleure manière d'honorer la
mémoire de sœur Rosalie. »

Tous les hommes présents offrirent leurs services. Le docteur choisit d'un coup d'œil ceux
qui paraissaient les plus robustes, et ils s'ap-
prêtaient à partir, quand une petite femme
toute ronde, toute joufflue, au teint coloré, à
la démarche vive et alerte malgré les quarante
à quarante-cinq ans qu'elle paraissait avoir,
s'avança au milieu du groupe.

« De quoi? de quoi? s'écria-t-elle, de ce
timbre sonore particulier aux femmes habituées
à crier aux passants l'annonce de leurs marchandises; que parlez-vous de conduire cette
pauvre femme chez un pharmacien ou à l'hôpital? C'est une pauvre veuve? Et moi aussi
je suis veuve, et c'est en cette qualité que je la
réclame. Qu'avez-vous à me regarder d'un air
étonné? ne me reconnaissez-vous pas, vous autres?
ne savez-vous pas que je suis la mère Robin,

la pâtissière de la rue de la Gaieté, qui vous a vendu à tous des galettes? Ne pouviez-vous pas dire à M. le docteur qu'il fallait transporter la malade chez moi, à deux pas d'ici, puisqu'il demandait un endroit où elle pourrait être reçue dans le voisinage?

— C'est vrai, dirent quelques habitués de la barrière Mont-Parnasse, c'est la mère Robin; nous n'y pensions pas; car elle a bon cœur, et ne demande qu'à rendre service.

— Vous demeurez près d'ici, interrogea le docteur, et vous vous chargez de cette femme pour quelques heures?

— Pour autant d'heures et autant de jours qu'il sera nécessaire. La mère Robin n'est pas regardante. Je demeure à deux pas, rue de la Gaieté; d'ailleurs ces messieurs, ajouta-t-elle en regardant quelques-uns des assistants, connaissent ma demeure. Je cours en avant préparer la chambre pour recevoir la pauvre femme; apportez-la quand vous voudrez. » Puis elle s'éloigna d'un pas leste, et disparut bientôt au détour du boulevard.

« Allons, mes amis, reprit le docteur dès que la mère Robin se fut éloignée, profitons de la bonne volonté de cette brave femme, et suivons-la. »

2*

Aussitôt quatre bras robustes soulevèrent le brancard; plusieurs ouvriers escortèrent les porteurs pour les ralayer au besoin; le docteur marcha par derrière avec les deux enfants, qu'il s'efforçait de consoler, et le triste cortége se dirigea vers la rue de la Gaieté.

## III

La rue de la Gaieté! ne dirait-on pas une amère ironie qu'un nom pareil donné à une rue voisine d'un cimetière, et n'est-ce pas plutôt rue des Pleurs qu'il aurait fallu l'appeler? Hélas! non; il n'y a dans ce nom ni ironie ni euphémisme, il y a tout simplement un de ces contrastes bizarres comme on en rencontre tant dans la grande cité. En effet, la rue qui de la barrière Mont-Parnasse s'étend jusqu'à la chaussée du Maine est le rendez-vous d'une partie de la population ouvrière de Paris, qui vient le dimanche, le lundi et les jours de fête, s'y délasser des travaux de la semaine. Ces jours-là, la foule y est si compacte, que l'autorité municipale a été obligée d'en interdire la circulation aux voitures. Chaque maison est un immense cabaret décoré du titre de traiteurrestaurateur. Là, des milliers d'individus, quelques-uns avec leurs femmes et leurs enfants, viennent s'établir une partie de la journée et de la nuit, et dépensent souvent en quelques heures le produit de leur travail hebdomadaire. Puis, dans des salles au premier, ou dans des jardins quand le temps le permet, s'ouvrent des bals animés par un orchestre plus bruyant que choisi. Les chants des buveurs mêlés aux ritournelles des contredanses et des polkas forment un concert assourdissant, capable de mettre en fuite tout homme aux oreilles un peu délicates que le hasard aurait fourvoyé dans cette cohue. Souvent aussi des rixes éclatent, et se terminent par quelques coups de poing, par des tabourets lancés à la tête, et même, mais rarement, par un coup de couteau, qu'un adversaire trop faible porte à son antagoniste plus fort que lui, afin d'égaliser la partie. La police, toujours surveillante, toujours active, intervient; elle emmène battants, battus et blessés; à peine si les danses ont été interrompues, et si quelques femmes nerveuses se sont trouvées mal. On danse, on polke avec une nouvelle ardeur; c'est l'entrain populaire, c'est la grosse joie poussée jusqu'à ses dernières limites. Vous voyez comme on s'a-

muse dans cette rue : on ne pouvait donc se
dispenser de lui donner un nom en rapport
avec ses mœurs et ses habitudes; voilà pourquoi on l'a appelée rue de la Gaieté. Celui de
rue de l'Orgie eût peut-être mieux convenu,
et nos bons aïeux n'eussent pas manqué de
le choisir; mais nous vivons dans un siècle
qui se respecte et qui est décent, au moins en
paroles.

La Courtille et les Porcherons, de bachique
mémoire, ont vu leur astre pâlir à côté de celui
de la nouvelle rue de la Gaieté; et cependant ils
n'avaient pas à côté d'eux un cimetière, dont
le voisinage aurait dû suffire pour éloigner ces
bruyantes réunions de buveurs et de danseurs.
Les habitués de la barrière Mont-Parnasse, au
contraire, ne peuvent arriver à leur rendez-
vous sans se croiser avec des convois funèbres,
sans rencontrer des familles en deuil, sans
entendre les lamentations des veuves et des orphelins, en un mot, sans se heurter à chaque
pas contre un objet qui leur rappelle le terrible
*Memento, homo, quia pulvis es, et in pulverem
reverteris* (1). Mais c'en est assez sur ce con-

---

(1) Souviens-toi que tu es poussière, et que tu retour-
neras en poussière.

traste choquant, que nous avons simplement voulu constater, sans nous charger de l'expliquer.

## IV

En quelques minutes les porteurs eurent atteint le domicile de la mère Robin. Elle habitait une petite maison vers le milieu de la rue. Sa boutique et son four occupaient une partie du rez-de-chaussée, et au premier elle avait un logement assez propre composé de deux petites pièces et une cuisine. Une jeune fille d'une quinzaine d'années, qui gardait la boutique, en voyant arriver tout ce monde, avertit sa mère. En un clin d'œil la mère Robin arriva. « Monsieur le docteur, dit-elle, mon lit est prêt, car je veux la mettre dans mon lit, cette brave femme, et je coucherai avec ma fille Frasie : faites-la monter, ce n'est pas haut, mais l'escalier n'est pas très-large, et je vais marcher devant pour vous guider. »

Un des plus robustes porteurs prit la malade dans ses bras et suivit la mère Robin. On la plaça sur le lit, puis le docteur l'examina de nouveau. « La syncope est persistante, dit-il ; cependant je ne crois pas qu'elle dure désor-

mais longtemps. Il faut déshabiller la malade et
la coucher, en ayant soin de ne pas élever la
tête. Vous vous chargerez de ce soin, Madame?
ajouta-t-il en s'adressant à la mère Robin.

— Certainement, Monsieur, que je m'en
charge.

— Bien, reprit le docteur X***; pendant ce
temps-là, je vais dans la chambre voisine faire
une ordonnance, et vous m'avertirez quand ce
sera fini. Allons, dit-il aux porteurs en leur
donnant une cordiale poignée de main, vous
avez rempli votre tâche, et maintenant vous
pouvez vous retirer. Je vous remercie en mon
nom et en celui de cette pauvre veuve de votre
faubourg.

— Et aussi au nom de sœur Rosalie, ajouta
un de ces hommes.

— Certainement, et au nom de sœur Rosalie,
qui, si elle vivait, vous remercierait mieux que
je ne puis le faire, et qui, du haut du ciel où
elle est maintenant, voit avec satisfaction ses
enfants, comme elle vous appelait tous, suivre
les leçons et les exemples qu'elle leur a donnés. »

En ce moment la mère Robin entra d'un air
tout joyeux : « Monsieur le docteur, monsieur
le docteur, s'écria-t-elle, voilà notre malade

qui respire et qui ouvre les yeux. Dès que je
l'aie eue débarrassée de ses vêtements, il paraît
qu'elle s'est sentie soulagée. Venez, venez vite,
Monsieur. »

Le docteur entra aussitôt dans la chambre,
et vit les deux enfants qui couvraient de baisers
le visage de leur mère; celle-ci les regardait en
silence, et un ruisseau de larmes coulait de
chacun de ses yeux. Il éloigna doucement les
enfants, et prit le bras de la mère. Le pouls
battait, mais avec une faiblesse extrême.
« Comment vous trouvez-vous? » lui demanda
le docteur.

D'une voix si basse et si faible qu'elle ressemblait à un souffle, et que le docteur fut
obligé d'approcher son oreille pour l'entendre,
elle répondit : « Je me sens bien, je n'ai pas été
malade... Mais où suis-je? Comment se fait-il
que mes enfants et moi nous soyons dans cette
maison étrangère? »

La mère Robin s'apprêtait à répondre; mais
le docteur lui fit signe de garder le silence, et
il reprit en parlant lui-même très-bas : « Non,
sans doute, vous n'êtes pas malade; mais je vois
que vous avez éprouvé une grande fatigue, ac-
compagnée d'une profonde douleur, et par suite
vous êtes tombée quelque temps en défaillance.

— Ah! oui, je me rappelle, répondit la malade comme en se parlant à elle-même : c'est à l'enterrement de la sœur Rosalie. J'ai suivi son convoi jusqu'au cimetière, puis je ne me souviens plus de rien... Que m'est-il donc arrivé?

— On vous le dira plus tard, ma bonne femme; maintenant vous avez besoin d'un repos absolu.

— Mais je ne saurais rester dans cette maison, où ma présence doit causer beaucoup d'embarras.

— De quoi? de quoi? interrompit la mère Robin, qui ne put s'empêcher de prendre la parole, malgré les signes du docteur; vous ne causez aucun embarras ici, ma petite mère; de plus, je vous dirai, pour votre gouverne, que je suis veuve comme vous, et maîtresse absolue de cette maison; ainsi, comme je l'ai dit à M. le docteur que voilà, j'entends et je prétends vous garder ici autant de temps qu'il sera nécessaire pour rétablir vos forces. Après ça, à la grâce de Dieu! »

Tout cela fut débité de ce ton simple et naturel qui part du cœur, et qui parut faire une certaine impression sur la malade. « Mais mes pauvres enfants, vous ne pouvez pas cependant vous charger d'elles.

— De quoi? de quoi? interrompit de nouveau la pâtissière; ces deux petits anges, mais on y a déjà songé. L'une d'elles couchera avec vous, et l'autre sur un lit de sangle que je préparerai pour elle. C'est convenu et entendu, pas un mot de plus... »

Le docteur voulut intervenir dans ce débat, et s'adressant à la malade, il lui dit de sa voix la plus persuasive : « N'insistez pas, ma bonne femme, vous affligeriez le cœur de celle qui vous offre si généreusement l'hospitalité, et qui le fait en souvenir de sœur Rosalie, que vous avez sans doute connue...

— Si je l'ai connue? mais elle a été la Providence qui m'a sauvée de la misère et du désespoir. Ah! si vous connaissiez cette histoire!...

— Vous nous la conterez plus tard; en ce moment, vous êtes trop faible pour parler, et moi je n'ai pas le temps de vous entendre. En attendant, contentez-vous d'adresser de cœur des prières pour le repos de l'âme de votre bienfaitrice.

— Oh! Monsieur, je ne prie pas pour elle, je la prie pour moi, comme une sainte dont on invoque l'intercession auprès de Dieu; car je ne saurais croire que sœur Rosalie ait besoin de mes prières, et moi j'ai tant besoin des siennes!

— C'est bien, ma brave femme, et je le crois comme vous. Déjà, vous le voyez, elle a exaucé vos prières, et c'est probablement à son intercession que Dieu a touché le cœur de cette femme en votre faveur... Ne vous refusez donc plus à ce qu'elle veut faire pour vous, ce serait méconnaître la volonté de sœur Rosalie elle-même. »

A ces mots, le docteur se retira.

Avant de quitter la maison, le docteur X*** prit à part la fille aînée de la malade, et lui demanda si sa mère n'était pas déjà souffrante avant ce jour.

« Oh! Monsieur, répondit Joséphine (c'était le nom de la jeune fille), depuis longtemps ma mère est malade, et elle était si souffrante depuis quelques jours, qu'elle n'avait pas la force de descendre de sa chambre; mais cela ne l'a pas empêchée de vouloir accompagner le convoi de sœur Rosalie : et tout le monde lui disait bien qu'elle n'en aurait pas la force.

— Je m'en doutais, » dit à part lui le docteur. Alors il formula une ordonnance, qu'il remit en sortant à la mère Robin, recommandant à cette femme de ne faire manger à la malade que des choses légères et cependant nourrissantes, et de s'abstenir surtout de lui donner des produits de son industrie de pâtissière. Il ajouta qu'il reviendrait le lendemain voir la veuve du faubourg Saint-Marceau, et qu'on déciderait alors si elle pourrait être transportée chez elle, ou si elle resterait encore un jour ou deux chez la mère Robin.

## V

*La veuve du faubourg Saint-Marceau,* comme l'avait appelée le docteur X***, resta trois jours chez la mère Robin, qui eut constamment pour elle les soins les plus délicats et les plus touchants. Elle était secondée par les deux petites filles de la malade, Joséphine et Louise, qui ne quittaient pas leur mère, lui donnaient à boire, et lui rendaient tous les petits services qui n'étaient pas au-dessus de leurs forces.

Joséphine était en apprentissage chez une couturière de la rue Descartes, et Louise était pensionnaire à l'orphelinat des sœurs de Charité de la paroisse de Saint-Médard. Leur mère, dès le soir même où il avait été décidé qu'elles resteraient un peu de temps chez la mère Robin, avait fait écrire par Joséphine une lettre à sa maîtresse d'apprentissage et une autre à l'orphelinat de Louise, pour faire connaître les causes de leur absence.

Le docteur X***, malgré sa nombreuse clientèle, composée en majeure partie des plus nobles familles du faubourg Saint-Germain, ne manqua pas un seul jour de visiter la veuve du faubourg Saint-Marceau ; enfin le jeudi, il la trouva assez bien rétablie pour pouvoir retourner chez elle : seulement il fallait qu'elle fît ce trajet en voiture. La mère Robin voulut encore faire quelques objections ; mais la malade, tout en la remerciant avec effusion de ce qu'elle avait fait pour elle, la supplia en grâce de ne pas insister.

« Allons, puisqu'il le faut, n'en parlons plus, dit la mère Robin ; mais je veux vous accompagner et payer la voiture...

— Ma chère madame Robin, reprit en souriant le docteur, vous feriez très-mal d'accompagner madame chez elle ; quant à la voiture, elle est déjà payée et attend en bas.

— Oh ! Monsieur, s'écria la pauvre veuve, comment pourrai-je jamais reconnaître tant de bonté de votre part !

— C'est vrai, reprit la mère Robin ; vous un des premiers médecins de Paris, dont les consultations et les visites sont payées au poids de l'or, vous ne vous contentez pas de venir donner vos soins à une pauvre femme ni plus ni moins que si c'était une duchesse, et tout cela gratuitement; vous voulez payer encore une voiture pour la transporter chez elle!

— Ma bonne dame Robin, repondit le docteur toujours souriant, si ce que vous avez fait pour cette pauvre femme était mis dans le plateau de la balance, et que dans l'autre on mît ce que j'ai fait moi-même, il est certain que vous l'emporteriez de beaucoup; car moi je n'ai fait que strictement mon devoir, et vous, vous avez été bien au delà. »

Cette conversation fut interrompue par l'arrivée d'un nouveau personnage que l'on n'attendait guère. C'était une sœur de Charité de l'orphelinat de la petite Louise.

« Sœur Thérèse! sœur Thérèse! s'écrièrent à la fois les enfants et la mère.

— Oui, c'est moi, mes enfants, dit-elle en embrassant les deux petites et en serrant cordialement les mains de la mère. Nous étions inquiètes de vous; car la lettre de Joséphine ne nous donnait que des renseignements insuffisants. Mais enfin, Dieu merci, il paraît que cela va mieux maintenant?

— Oui, ma sœur, répondit le docteur, et

Blanche et Isabelle.

3

notre malade ainsi que ses enfants se prépa-
raient à retourner à leur domicile au moment
où vous êtes entrée. Je pense que vous voudrez
bien les accompagner; vous pouvez disposer de
la voiture comme vous voudrez, car c'est celle
de mon loueur habituel.

— Certainement, monsieur X\*\*\*, répondit
la sœur, je me ferai un plaisir de les accompagner. Si nous avions su que la pauvre femme
recevait vos soins, nous n'aurions pas été si inquiètes. »

Pendant qu'on faisait les préparatifs de départ, le docteur prit à part sœur Thérèse, lui
donna en quelques mots des détails sur l'éva-
nouissement de la pauvre veuve, et lui com-
muniqua des observations que lui avait suggé-
rées son état de faiblesse extrême, dû probablement à de profonds chagrins ou à la misère, et
peut-être à ces deux causes ensemble.

« Vous avez deviné juste, répondit la sœur;
cette femme a éprouvé de grands malheurs,
auxquels elle aurait probablement succombé
si notre vénérable sœur Rosalie ne s'était trouvée sur son chemim pour la relever.

— C'est bien, ma sœur, je n'ai pas besoin de
détails. Je sais que vous vous entendez mille
fois mieux à guérir les maladies de l'âme que

nous à soulager celles du corps. Permettez-moi toutefois de m'associer à votre bonne œuvre, et de vous aider à subvenir aux premiers besoins de cette famille, qui doivent être nombreux. » En disant ces mots, il remit une bourse dans les mains de sœur Thérèse, descendit rapidement l'escalier, monta dans son coupé, et disparut avant que la bonne sœur, tout émerveillée de ce nouveau trait de générosité, eût eu le temps de le remercier.

## VI

Un instant après, la sœur, la malade, la mère Robin et les enfants s'installaient dans la belle voiture qui était à leur porte, et qui les emmena rapidement dans la direction du faubourg Saint-Marceau.

Tandis que la voiture roule vers sa destination, nous allons revenir en arrière pour raconter le plus succinctement possible l'histoire de la veuve du faubourg Saint-Marceau.

Elle s'appelait, de son nom de fille, Félicité Thuilier. Encore un nom trompeur ! Ses parents le lui avaient donné dans l'espoir qu'il serait un présage de bonheur. Nous verrons bientôt comment leurs prévisions furent cruellement déçues.

Pendant son enfance et son adolescence, rien
ne semblait devoir démentir ce présage. Félicité
fut une enfant et une jeune fille d'une beauté
ravissante, et même aujourd'hui que le chagrin
avait tracé sur son front des rides précoces, que
les larmes avaient creusé des sillons sur ses
joues amaigries, que son œil, jadis si brillant,
avait perdu son éclat, ses traits avaient con-
servé une certaine distinction qui annonçait ce
qu'elle avait été, comme les ruines d'un édifice
en attestent encore la grandeur passée.

Malheureusement Félicité fut gâtée par ses
parents, qui n'avaient pas eu d'autre enfant
qu'elle après de longues années de mariage. Le
père Thuilier était contre-maître chez un riche
fabricant et marchand de cuir de la rue Mauconseil; sa femme était concierge dans la même
maison. Les bénéfices de son cordon, joints aux
économies de son mari, qui gagnait d'assez
bons gages, leur avaient procuré un petit capital, placé en rentes sur l'État.

Fiers de ce qu'ils regardaient comme une
fortune, fiers des grâces et de la gentillesse de
leur enfant, ils voulurent, comme tant d'autres,
lui donner une éducation au-dessus de leur condition. On la mit dans un des meilleurs pen-
sionnats du voisinage; elle y apprit un peu à

lire, un peu à écrire et à calculer, un peu d'histoire et de géographie, mais beaucoup à chanter, à danser, à dessiner. Elle devint d'une certaine force sur le piano, et elle dansait la polka d'une manière tout à fait ravissante.

Avec de pareils talents et sa jolie figure, se disait la mère Thuilier, ma fille ne peut manquer de trouver un brillant parti, au moins un riche négociant, un notaire, un avocat, un banquier, ou même, qui sait? peut-être un baron, peut-être un comte..., peut-être un prince... Eh! oui, un prince, pourquoi pas? elle en est bien digne, la chère petite!...

A dix-huit ans, Félicité rentra dans la loge maternelle, qu'elle remplit du matin au soir des bruyants accords de son piano et des roulades éclatantes de sa voix de soprano. Une loge au lieu d'un salon! c'était triste; mais il fallait se résigner jusqu'à ce qu'un mari convenable vînt découvrir et mettre dans tout son jour cette perle ignorée de la rue Mauconseil.

Cependant les semaines et les mois s'écoulaient, et aucun épouseur ne se présentait. Mᵐᵉ Thuilier n'en revenait pas. Son mari, qui avait un peu plus de bon sens qu'elle, mais qui n'avait pas la force de résister aux volontés de sa femme ni aux caprices de sa fille, lui disait

quelquefois : « Tu as voulu, m'ame Thuilier,
donner à ta fille une éducation de grande demoiselle, dans l'espoir de la marier plus tôt
et plus richement, et maintenant aucun des
partis que tu avais rêvés pour elle ne se présente. Cela n'a rien d'étonnant : car quel est le
banquier, l'avocat, le notaire, le négociant qui
voudrait épouser la fille d'une concierge et
d'un contre-maître tanneur, si elle ne lui
apporte pas une dot convenable?

— Mais ma fille aura dix mille francs, objec-
tait ma'me Thuilier.

— Oui, après notre mort; mais en la ma-
riant que pouvons-nous lui donner? deux à
trois mille francs tout au plus : et encore une
fois ce n'est pas une dot, à moins qu'elle n'é-
pouse un garçon de son rang.

— Mais il ne s'en présente même pas, et cependant chacun dans le quartier ne parle que
de sa beauté et de ses talents.

— Oui, mais aucun jeune homme de notre
condition ne voudrait se marier avec une demoiselle dont la toilette seule serait l'occasion
d'une dépense énorme. Ce qu'il faut à ces
jeunes gens, ce qu'ils recherchent, c'est une
bonne ménagère, qui tienne leur dîner prêt
quand ils rentrent du travail, ou qui reste au

comptoir, et s'occupe de la vente s'ils sont en boutique. Et cependant il s'en était présenté un de ce genre, et fort convenable sous tous les rapports ; mais vous en avez fait fi, toi et ta fille, et il n'est pas revenu.

— Tu veux dire l'épicier de la rue aux Ours ! Ma fille ne veut pas entendre parler d'un épicier, elle a en aversion l'idée de vendre de la mélasse, du poivre et de la chandelle, et toutes les drogues qui composent la boutique d'un épicier.

— Soit ; cependant je ne vois pas que ces drogues, comme tu appelles les marchandises appartenant à l'épicerie, soient plus sales que les cuirs et les peaux d'animaux que nous manions dans notre métier. Ainsi, s'il se présentait un tanneur, vous auriez toutes les deux sans doute la même répugnance ?

— Je ne dis pas, mais il faudrait le voir, » répondit m'ame Thuilier d'un air abattu ; car elle prévoyait bien que cette insinuation de son mari n'était pas sans intention, et qu'il avait probablement à lui proposer quelqu'un qui allait détruire ses dernières illusions.

## VII

Elle avait deviné juste, m'ame Thuilier. Depuis quelque temps un des ouvriers corroyeurs
attachés à l'établissement, nommé Paul Vaulthier, avait, en passant et repassant devant la
loge, remarqué M<sup>lle</sup> Félicité; et, comme tout
ce qu'il entendait dire de son éducation lui
convenait parfaitement, il résolut d'en parler
à son père, afin d'obtenir l'entrée de la maison.

Le père Thuilier regardant la réponse de sa
femme comme une autorisation suffisante, présenta dès le soir même l'ouvrier à sa femme et à
sa fille.

Paul Vaulthier était un assez joli garçon,
beau parleur, et qui ne manquait pas d'une
certaine instruction; ses parents, comme ceux
de Félicité, avaient voulu lui faire donner une
éducation comme au fils d'un rentier, quoiqu'ils fussent de simples cultivateurs. Paul fut
donc placé au collége de L..., chef-lieu de leur
département. Déjà il avait fait sa troisième avec
succès, quand le choléra de 1832 lui enleva

d'un seul coup son père et sa mère. Le tuteur
qui lui fut donné, plus sage que ses parents,
le retira du collége et le mit en apprentissage
chez un des principaux tanneurs de la ville.
Paul se trouva d'abord humilié de ce qu'il regardait comme une déchéance ; puis il prit son
parti, et il eut assez de bon sens pour comprendre que sa position était plus honorable
que celle d'un pauvre étudiant qui, après avoir
usé sa jeunesse sur les bancs de l'école, ne
pourrait jamais parvenir, à cause de son manque
de fortune, à suivre une des carrières libérales
auxquelles ses études semblaient l'avoir destiné.

Seulement il conserva de sa première éducation le goût de la lecture, goût fort innocent
sans doute s'il eût été dirigé par quelqu'un
d'éclairé ; mais maître Paul se croyait seul apte
à choisir les livres qui devaient, disait-il, com-
pléter son éducation. Or ces livres étaient Vol-
taire, Raynal, Jean-Jacques Rousseau, et tous
les philosophes du xviiie siècle. Et, comme ce
pauvre jeune homme n'avait pas reçu une éducation religieuse bien solide, le peu de principes qu'on lui avait enseignés fut promptement
effacé, et il devint non-seulement irréligieux,
mais impie dans toute la force du terme.

Il ne se contenta pas d'étudier pour lui-même
ses auteurs favoris : il se mit en tête de faire de
la propagande parmi ses camarades, quelquefois pendant le travail, d'autres fois le dimanche
au cabaret. Tous l'écoutaient la bouche béante ;
ils l'appelaient l'*orateur*, le *savant* ; mais personne ne le comprenait. A la fin, ennuyé de
parler à des brutes, Paul résolut de venir à
Paris, où il était sûr de trouver des esprits
capables de le comprendre. Il y avait déjà plus
d'un an que son apprentissage était fini, il était
assez bon ouvrier pour entrer dans un atelier
de la capitale. Son patron, qui l'aimait, lui
donna des lettres de recommandation pour la
maison où était employé le père Thuilier, et
Paul y fut reçu sans difficulté.

Il y avait six mois à peu près qu'il y travail-
lait, quand il obtint la faveur d'être présenté
à m'ame Thuilier et à sa fille. Il reçut de l'une
et de l'autre un accueil favorable. M^{lle} Félicité trouva qu'il avait de l'esprit, des connaissances et du goût ; la mère le trouva ai-
mable, puisqu'il plaisait à sa fille. Bref, après
quelques visites, la demande en mariage fut
formulée, accueillie, et tout fut bientôt décidé. Ces deux éducations, incomplètes et en
quelque sorte déclassées, étaient faites l'une

pour l'autre et ne pouvaient manquer de se
convenir.

Le mariage eut donc lieu immédiatement
après les délais nécessaires pour la publication
des bans et l'obtention des pièces indispensables. M. Paul aurait désiré se contenter du
mariage civil, assurant qu'il suffisait; mais
M^lle Félicité et sa mère insistèrent pour le mariage à l'église : non pas que la proposition de
M. Paul les eût révoltées, comme cela serait
arrivé à une mère et à une fille vraiment chrétiennes, à qui cela même eût suffi pour rompre
le mariage ; mais parce que c'était l'usage, que
cela ferait jaser tout le quartier ; et puis la
toilette de la mariée serait à peine remarquée
à la mairie, dans une petite salle où il n'entrait
qu'un public restreint, tandis qu'elle s'étale-
rait amplement à l'église Saint-Eustache, devant les commères du voisinage, et la foule des
amis et connaissances à qui l'on adresserait des
lettres de faire part. Ces graves considérations
durent l'emporter, et M. Paul s'y soumit sans
mot dire.

## VIII

Tout alla assez bien pendant les deux premières années qui suivirent leur union. Paul,
outre les trois mille francs de la dot de sa
femme, avait reçu une somme de près de cinq
mille francs, provenant du reliquat de son
compte de tutelle et du produit de la vente de
quelques pièces de terre dépendantes de la
succession de ses père et mère. Huit mille francs
de capital, et dix mille à espérer à la mort du
beau-père et de la belle-mère, c'était magnifique ; il était seulement embarrassé de savoir
comment il placerait convenablement son argent
comptant. Mais il trouva bientôt des gens qui
levèrent cette difficulté.

Quelque temps après son arrivée à Paris,
Paul avait tenté de recommencer la propagande
qu'il faisait à N***; mais s'il trouva un audi-
toire plus intelligent, il ne le trouva pas aussi
bien disposé à s'extasier sur les belles phrases
qu'il débitait.

« Connu, disait l'un.

— C'est de l'autre siècle, disait un second.

— Vous en êtes encore là ! ajoutait un troisième ; vous avez besoin d'aller à l'école, mon garçon ; et, comme vous avez des dispositons, je vous propose de vous faire entrer dans notre société.

— Accepté, répondit Paul avec enthousiasme ; je ne demande pas mieux que de m'instruire. »

Et, après quelques séances préparatoires, Paul fut initié à une des nombreuses sociétés secrètes qui fourmillaient alors dans la capitale. Là il apprit les doctrines des socialistes modernes, et la science humanitaire, et toutes les rêveries qui bouillonnaient alors dans une foule de cerveaux, et qui devaient aboutir à une si déplorable explosion.

Parmi les théoriciens de sa société se trouvait un certain nombre d'hommes pratiques, qui voulaient, en attendant que les amis se fussent emparés du pouvoir, tenter l'application de leurs principes ostensiblement, publiquement, et en se conformant aux lois existantes. Dans ce but ils créèrent une société en commandite, sous le titre d'*Association fraternelle des ouvriers corroyeurs*, au capital de cinq cent mille francs, divisé en cinq mille actions de cent francs chacune.

Tout ouvrier faisant partie de la société, c'est-à-dire possesseur d'une action, aurait droit au travail dans les ateliers de ladite société, aussitôt son organisation définitive. Il recevrait un salaire au moins égal à celui des autres ateliers, plus une part dans les bénéfices généraux, représentés par le dividende produit par chaque action.

Les ouvriers possesseurs d'un certain nombre d'actions feraient partie du conseil de surveillance, et l'on choisirait parmi eux, en assemblée générale, les directeurs, contrôleurs, inspecteurs et autres employés nécessaires, à mesure que la fabrique prendrait de l'extension. Ces employés seraient toujours responsables, et soumis à leur tour à la surveillance générale de tous les associés.

Ainsi l'on supprimait d'un seul coup les *patrons*, ces sangsues qui se nourrissent de la substance de l'ouvrier; ainsi l'on supprimait l'*exploitation de l'homme par l'homme*, cette nouvelle forme de l'esclavage introduite dans les sociétés qui se disent civilisées. On sait que c'étaient là les deux grands griefs reprochés alors par les soi-disant socialistes à l'organisation actuelle de la société.

Paul Vaulthier adopta ces idées avec enthousiasme. C'était au moment même où il cherchait un placement pour ses capitaux que cette grande affaire venait de se déclarer, et que déjà elle s'affichait pompeusement à la quatrième page de certains journaux. Il n'hésita pas, et courut chez le fondateur de la fameuse société pour lui demander des actions. C'était un des membres influents de sa société secrète. Il est inutile de dire avec quelle joie il en fut accueilli : il était le premier souscripteur !

Après les compliments d'usage, le personnage, prenant un air préoccupé, dit tout à coup :

« En affaires le temps est précieux; laissons donc les paroles inutiles. Combien voulez-vous d'actions?

— Mais j'en voudrais cinquante, que je paierais comptant. »

La joie de notre homme redoubla; mais il fit des efforts inouïs pour ne pas la laisser éclater. Enfin il dit d'un ton calme : « Pourquoi, si vous avez de quoi payer comptant cinquante actions, n'en prenez-vous pas deux cents? Comme d'après les règlements on est libre en souscrivant de ne verser que le quart comptant, vous serez légalement possesseur de ces deux cents actions.

— Mais, Monsieur, deux cents actions, c'est

vingt mille francs, et en réalisant tout ce que je possède avec dix mille francs que mon beau-père conserve en rentes sur l'État, à peine pourions-nous arriver aux trois quarts de cette somme.

— D'abord, entre nous appelez-moi citoyen; vous savez que c'est notre usage dans l'intimité. Comment, votre beau-père a des rentes sur l'État! mais c'est le plus mauvais placement possible; vous savez aussi bien que moi, citoyen, que le gouvernement de Louis-Philippe branle furieusement au manche, et croyez-vous que la république démocratique qui lui succèdera voudra se charger de payer les dettes d'un gouvernement corrupteur et corrompu? Vous ferez donc bien, si vous avez quelque influence sur votre beau-père, de l'engager à vendre le plus tôt possible, avant que la baisse soit trop prononcée, ses rentes sur l'État et à prendre la moitié des actions que je vais vous délivrer.

« Ce placement est plus sûr qu'il ne serait sur le Trésor, et même sur la Banque de France : car quel est l'établissement de crédit, ajouta-t-il avec emphase, qui pourra lutter un jour avec l'*Association fraternelle et universelle des ouvriers,* dont celle que nous fondons aujourd'hui ne représente qu'une fraction bien minime? »

Là-dessus il remit à Paul deux cents promesses d'actions, en lui annonçant que, s'il déterminait son beau-père à entrer dans l'association, tous deux feraient nécessairement partie du conseil de surveillance, et seraient admis, lui, Paul, comme contre-maître, et le père Thuilier comme contrôleur et sous-inspecteur, aussitôt que les ateliers de travail seraient organisés.

Paul ne réussit que trop facilement à décider son beau-père à changer ses titres de rentes contre des actions sur l'*Association des ouvriers corroyeurs*.

# IX

Ces combinaisons terminées, il lui restait trois mille francs, qu'il voulut employer à procurer à sa femme les agréments de la capitale. Il continuait toutefois de travailler assez régulièrement chez son patron, et le produit de son gain suffisait, à peu de chose près, à la dépense du ménage : les dimanches et les lundis se passaient régulièrement, pendant l'été, en excursions dans les environs, à Versailles, à Montmorency, à Asnières ; en hiver, en réunions

aux barrières, en bals, en spectacles, etc. Un
enfant survint, et augmenta la dépense. On le
mit en nourrice dans un village voisin de Paris,
et chaque dimanche on allait voir le charmant
poupon, qui, disait-on, ressemblait à sa mère.
C'était Joséphine, que nous connaissons déjà.
Bientôt celle-ci fut suivie d'une seconde; c'était
la petite Lucie. Elle remplaça sa sœur aînée
chez la nourrice. Mais avec ce second enfant
la gêne commença à entrer dans le jeune ménage. On avait dépensé sans calculer, et au
bout de trois ans le magot avait disparu depuis
longtemps.

Il n'y avait plus pour subvenir aux frais indispensables que le travail de Paul; mais il
en avait un peu perdu le goût en contractant
l'habitude d'amusements dispendieux. Puis les
réunions des sociétés secrètes devenaient plus
fréquentes; puis venaient les banquets patrio-
tiques, auxquels il ne pouvait se dispenser
d'assister. Ces banquets, il est vrai, n'étaient
pas fort chers; mais les accessoires, et surtout
la perte du temps, en décuplaient souvent le
prix. On a vu de ces banquets à vingt-cinq cen-
times; c'étaient ceux qui en définitive étaient
le plus dispendieux.

Et cependant les ateliers de la *Société frater-*

*nelle* ne s'ouvraient pas. Depuis deux ans le directeur fondateur avait loué un vaste hangar destiné à ces ateliers ; mais toujours quelques circonstances imprévues avaient empêché de commencer les travaux. Du reste, il avait payé régulièrement tous les six mois, à raison de six pour cent, l'intérêt des actions dont il avait encaissé le capital ; ce qui empêchait de se plaindre trop haut, et faisait attendre avec plus de patience l'instant où l'on devait toucher de fabuleux dividendes.

Cependant le dernier semestre, échu le 1er janvier 1848, n'avait pas été payé ; et Paul avait compté sur cet argent pour le terme du logement qu'il occupait rue Saint-Victor, près du jardin des Plantes. Il adressa des réclamations au directeur, qui lui répondit avec un superbe aplomb qu'il n'était engagé à la rigueur à payer l'intérêt que par année ; que s'il l'avait servi jusqu'ici par semestre, c'était par pure complaisance de sa part ; mais que, comme cela compliquait trop ses écritures, il était résolu à ne les payer désormais que par année.

Paul n'était pas content ; il avait bien envie de répliquer, et de demander pourquoi on n'organisait pas le conseil de surveillance dont il faisait partie, ainsi que d'autres explications

sur le retard interminable apporté à l'ouverture
des ateliers. Mais son directeur était un des
principaux chefs de la société secrète à laquelle
il était affilié, il avait pour lui une sorte de vé-
nération, et il n'osa pas.

Il rentra chez lui assez tristement raconter
sa mésaventure à sa femme. La pauvre Félicité
commençait depuis quelque temps à ressentir
les atteintes du malaise, et elle n'avait personne
à qui elle pût confier ses peines. Sa mère était
trop loin, et d'ailleurs elle n'aurait fait que
l'affliger inutilement, puisque la pauvre femme
n'aurait pu lui être d'aucun secours. Elle ne
s'était liée avec aucune des femmes de son voisinage, ce qui l'avait fait accuser de fierté.
Souvent elle avait entendu des propos dans le
genre de celui-ci : « Qui croirait que cette dame
en chapeau et en robe de soie est la femme d'un
simple ouvrier, comme mon mari ? » ou bien :
« C'est p't-être une marquise qui s'est éprise
d'un ouvrier corroyeur du faubourg Saint-Marceau ; faut pas s'en étonner, on a bien vu des
rois épouser des bergères. »

Tant qu'avait duré leur prospérité ou plutôt
cette apparence de prospérité dont nous avons
parlé, Félicité n'avait fait que rire de ces propos, qui amusaient aussi beaucoup son mari,

mais depuis que le malaise s'était fait sentir, les propos avaient redoublé d'aigreur, et loin de faire rire Félicité, c'étaient comme autant de coups d'épingle qui lui causaient d'intolérables souffrances. Au moment même où son mari venait lui rendre compte de son entrevue avec le directeur, Félicité était tout en larmes d'un propos qu'elle venait d'entendre de la portière, qui avait dit en parlant d'elle à une voisine : « En vérité si ça ne fait pas pitié : ça veut faire la grande dame, et ça n'a pas de quoi payer son terme ! »

Son mari essaya en vain de la consoler. « Non, non, dit-elle, mon ami ; notre position est vraiment intolérable, et dans leur brutalité les propos de ces femmes ont du vrai. Qu'ai-je besoin de robes de soie, de bijoux, de chaînes d'or, de bracelets, de bagues ? Serais-je moins belle à tes yeux, te plairais-je moins, si je n'avais pas ces superfluités ?

— Non, sans doute, s'écria son mari en l'embrassant tendrement ; mais moi qui avais été si heureux de t'offrir une partie de ces objets !

— Aussi ce n'est qu'à ce prix qu'il me sont précieux, et qu'il m'en coûtera de m'en défaire. Mais il faut se faire une raison ; voilà que nous

avons deux enfants; il faut songer avant tout
à elles. Nous devons le dernier mois de nourrice de Louise; nous devons à l'épicier, au bou-
langer, au boucher. On n'a pas encore refusé
de me faire crédit, mais je m'attends d'un jour
à l'autre à un affront. Hâtons-nous de le prévenir; vendons tout ce qui nous est inutile;
nous aurons de quoi payer notre terme et
toutes nos dettes, et il nous restera encore
de quoi vivre jusqu'à ce que les travaux re-
prennent. »

Félicité, comme on le voit, avait de bons
sentiments; quel dommage que son éducation
eût été mal dirigée! Certes, il fallait du courage à une femme jeune et belle pour se défaire
de ce qui fait l'objet de la convoitise de la plupart des femmes, et ce sacrifice elle le fit facilement, presque gaiement, ne se réservant de
tous ses bijoux que son anneau nuptial et un
petit médaillon en or, présent de son mari,
et renfermant de ses cheveux et de ceux de ses
enfants.

## X

Ces ressources avaient rendu un peu d'aisance au ménage; mais Félicité les ménageait avec soin, car les travaux de son mari ne reprenaient pas, et les réunions des sociétés continuaient d'absorber son temps.

Enfin éclata la révolution du 24 février. Paul était un des chefs de section de la société, et en cette qualité il assista en armes aux principaux mouvements de cette journée. Parti de chez lui dans la soirée du 23, il ne rentra qu'à huit heures du soir du lendemain. Pendant ces vingt-quatre heures, la malheureuse femme fut en proie à de mortelles inquiétudes. Quand il parut, elle voulait le gronder; mais elle n'en eut pas la force. Il entra tout joyeux, et, sautant au cou de sa femme, il se mit à crier : « Vive la république ! Nous l'avons enfin, nous l'avons cette bienheureuse république! Et maintenant, ma petite femme, les jours heureux vont couler pour toi! Hier nous n'étions rien que de vils prolétaires : aujourd'hui nous sommes tout, nous sommes le peuple souve-

rain. Allons, crie avec moi : Vive la république. »

Félicité s'aperçut qu'à cet enthousiasme républicain se joignait une certaine émotion occa-
sionnée par une absorption assez considérable
de vin ou de liqueurs. C'était la première fois
qu'elle voyait son mari dans cet état ; car quoiqu'il eût été très-partisan des réunions gastro-
nomiques, il avait toujours su y conserver son
sang-froid, et ne jamais se dégrader en s'a-
bandonnant à l'ivresse. Mais elle se garda bien
de lui adresser un reproche ; elle comprit
qu'après une nuit et une journée passées à dé-
fendre des barricades il avait pu facilement se
laisser entraîner à boire au delà des bornes.
Elle cria comme lui : Vive la république !
mais à condition qu'il se coucherait tout de
suite, parce qu'il devait être horriblement fa-
tigué.

Hélas ! au lieu des jours heureux que lui pro-
mettait son mari, ce fut à compter de cet instant
que les peines et les angoisses s'accumulèrent
sur sa tête, comme pour l'écraser.

L'atelier où travaillaient son mari et son père
suspendit ses travaux. Le patron consentit bien
à donner encore une demi-paie au bonhomme
Thuilier et à quelques-uns de ses plus anciens

ouvriers, mais les autres ne reçurent plus
rien.

Cependant les sociétés secrètes étaient deve-
nues autant de clubs publics où l'on débitait
les doctrines les plus atroces, parfois aussi les
plus ridicules. Le hangar destiné à l'atelier de
l'*Association fraternelle des ouvriers corroyeurs*
trouva enfin un emploi. Le directeur y établit
un club, dont il fut naturellement le chef.
Depuis la révolution, il était devenu un personnage, et, en sa qualité de républicain de la
veille et même de l'avant-veille, il pouvait pré-
tendre à tout. Aussi son nombreux entourage
le désignait-il comme un futur représentant du
peuple, si ce n'est comme un ministre ou un
préfet.

La misère, un instant conjurée dans le ménage Vaulthier, ne tarda pas à s'y remontrer
plus lugubre et plus menaçante que la première
fois. On avait pu y échapper alors par le sacrifice de quelques superfluités; maintenant pour
la combattre on dut vendre pièce à pièce une
grande partie du mobilier : puis il fallut changer de logement, celui de la rue Saint-Victor
étant trop cher. Ce fut alors qu'ils louèrent une
simple chambre mansarde, au cinquième, dans
la rue Gracieuse, où demeurait encore la veuve

Vaulthier quand nous avons fait connaissance avec elle.

Cependant le père Thuilier venait chaque jour tourmenter son gendre au sujet de ses titres de rentes qu'il lui avait fait changer contre des actions de la *Société fraternelle*, actions qui ne produisaient ni intérêts ni dividende. Ce fut surtout quand il vit que le nouveau gouvernement républicain avait exactement payé les arrérages des rentes échues au 22 mars, qu'il ne put se contenir davantage. Il vint trouver son gendre, et lui déclara qu'il voulait à toute force parler à ce fameux directeur de la *Société fraternelle*. Paul consentit à regret à accompagner son beau-père ; car le directeur exerçait sur lui une sorte de fascination dont il ne se rendait pas compte ; il le regardait comme un de ces beaux types de républicain de Sparte ou de Rome, plus occupé des grandes questions sociales que de misérables discussions d'intérêt privé.

Le directeur accueillit gracieusement le beau-père et le gendre, et quand il connut l'objet de leur visite, ou plutôt de la visite du père Thuilier, car Paul avait eu soin d'insinuer qu'il était complétement étranger aux réclamations de son beau-père, prenant son ton le plus doctoral :

« De quoi vous plaignez-vous, citoyen Thuilier? dit-il; vous avez vendu votre rente à 116; aujourd'hui elle vaut à peine 85 : n'est-ce pas heureux pour vous?

— Je ne dis pas; mais cette rente, j'en touchais régulièrement les arrérages tous les six mois, et ces jours derniers encore je les aurais touchés comme d'habitude; car le gouvernement républicain, que j'estime, a payé intégralement : et vous aviez pourtant dit qu'il ne reconnaîtrait pas les dettes d'un *gouvernement corrupteur et corrompu.*

— Parbleu! je crois bien qu'il les a reconnues ces dettes, car ce gouvernement répucain que vous estimez (et je ne vous en fais pas mon compliment) ne vaut guère mieux que celui que nous avons renversé; aussi ne tient-il guère sur ses jambes, et j'espère que nous aurons bientôt l'autre, c'est-à-dire la vraie république démocratique et sociale.

— Et cette république-là ne paiera pas les dettes de l'État?

— Elle ne paiera que ce qui sera reconnu utile aux intérêts du peuple.

— Ah! » fit d'un air décontenancé le père Thuilier, qui commençait à craindre que l'*Association fraternelle des ouvriers corroyeurs*

ne traitât ses actionnaires comme la république
démocratique et sociale traiterait les créanciers
de l'État. Après un instant de silence, le père
Thuilier reprit la parole, en faisant observer
que son gendre et lui étaient dans un moment
de gêne terrible, et en demandant s'il ne serait
pas possible à M. le directeur de leur avancer
quelque chose sur les intérêts échus, pour les
aider à vivre.

« Parbleu! répondit le citoyen directeur de
son ton le plus touchant : vous êtes dans la
gêne, cela n'a n'a rien d'étonnant; qui n'est pas
dans la gêne aujourd'hui? Moi tout le premier;
et cela durera autant que nous aurons la république bâtarde qui nous gouverne. Le peuple a
mis trois mois de misère au service de la vraie
république; vous pouvez bien, citoyen Thuilier, lui sacrifier quelques mois d'attente de vos
revenus que vous toucherez intégralement un
peu plus tard. »

Le père Thuilier avait envie de répliquer; son
gendre lui fit signe de garder le silence, et tous
deux prirent congé de l'important personnage.

« Mon cher Paul, dit en souriant le père
Thuilier, j'ai grand'peur que nous ne soyons
refaits par ton fameux directeur, qui me fait
l'effet de n'être qu'un hâbleur.

— Ne craignez rien, mon père : le citoyen
directeur est le plus parfait républicain que
je connaisse, juste comme **Aristide**, et probe
comme Caton.

— Je ne connais pas ces particuliers-là, et je
n'en peux rien dire ; quant à lui, je t'ai dit mon
avis, je n'en démords pas. C'est à toi de veiller
au grain. »

## XI

Paul Vaulthier était chef de section, et en
cette qualité il prit part à tous les mouvements
qui agitèrent Paris depuis cette époque.

Il fit partie des *ateliers nationaux*, dont les
ouvriers n'étaient que l'armée tout organisée de
l'émeute.

Jetons un voile sur ces tristes pages de notre
histoire, et arrivons à la hâte aux dernières,
aux plus terribles, aux plus sanglantes de toutes,
aux journées de juin.

Quand cette grande et formidable insurrection s'organisa, Paul, à qui on avait reconnu
du courage, de l'intelligence et un dévouement
aveugle aux volontés des chefs ou plutôt des

meneurs, fut nommé membre du *comité de ré-sistance*. A ce titre il était envoyé par les ordres du *comité de direction* sur tous les points où l'on jugeait que l'attaque serait plus vive, et où par conséquent il fallait organiser une résistance plus opiniâtre.

Paul pensait que ce serait, comme le 24 février, l'affaire d'une journée au plus. Aussi, quand il vint faire ses adieux à sa femme, il était tout joyeux, et lui dit : « Allons, ma bonne, ne pleure pas; c'est aujourd'hui le dernier coup de collier, et nous aurons bientôt mis à la raison ces stupides réactionnaires qui nous ont escamoté notre république. »

Mais la pauvre Félicité était loin de partager l'enthousiasme de son mari. Elle employa toute l'éloquence qui part si naturellement du cœur d'une femme et d'une mère pour le retenir; la vue de ses deux enfants, car la petite Lucie était revenue de nourrice depuis quelques jours, rien ne put l'ébranler. Il s'arracha de leurs bras et partit.

Peindre les angoisses auxquelles cette pauvre femme fut en proie à partir de ce moment est une tâche au-dessus de nos forces; nous dirons seulement que ces angoisses et ces tourments

ne faisaient que s'accroître de jour en jour,
d'heure en heure, à mesure qu'elle perdait l'espérance de voir revenir son mari. La première
journée s'écoula bien pénible; mais la seconde, mais la troisième, mais la quatrième
ne lui apportèrent qu'aggravation de douleur.

Chaque fois qu'elle entendait l'explosion du
canon ou de la fusillade : Voilà peut-être, se
disait-elle, le coup qui frappe mon mari! et
le retentissement de ce coup l'atteignait au
cœur.

Enfin, quand le silence eut succédé aux
bruits de la bataille, que sur tous les points le
combat eut cessé, elle courut éperdue, partout
où elle espérait avoir quelque nouvelle de son
cher Paul; mais ceux qui auraient pu lui en
donner étaient eux-mêmes morts ou blessés, ou
prisonniers ou en fuite. Le fameux directeur et
fondateur de l'*Association fraternelle* avait pris
la fuite un des premiers, avec les fonds de la
société.

Huit, dix jours s'écoulèrent, et, quoique tout
espoir fût à peu près évanoui pour elle, elle
n'avait pas encore acquis la triste certitude de
son malheur.

Au paroxysme de la douleur avait succédé
un abattement qui n'était pas de la résignation,

mais le résultat de la prostration de ses forces ;
le sentiment seul de la maternité la retenait à
l'existence, et encore faiblement ; car plus d'une
fois le projet de s'asphyxier avec du charbon,
elle et ses enfants, s'était présenté à son esprit.

Elle ne l'avait pas repoussé comme une tenta-
tion du démon ; car nous devons nous rappeler
que ce qui manquait à cette femme, c'étaient
des principes religieux ; elle ne s'y arrêta pas
non plus, parce qu'elle voulait auparavant savoir au moins quelque chose de positif sur l'é-
tendue de son malheur.

A ce moment, un autre sujet de douleur, qui
dans un autre temps l'aurait profondément af-
fectée, vint s'ajouter à tant de souffrances. Son
père, qu'elle aimait bien tendrement, avait
aussi disparu de son domicile depuis les journées de juin, et l'on n'en avait également
point de nouvelles. Quant à sa mère, nous avons
oublié de dire que la pauvre vieille femme avait
été tellement effrayée par le spectacle d'un combat qui s'était livré à sa porte dans la journée
du 24 février, qu'elle en avait perdu la tête, et
qu'elle avait été mise à la Salpêtrière comme
folle. Mais son père, dont l'esprit était si calme,
le bon sens si droit, le goût si peu prononcé
pour tout ce qui sent la dispute, et surtout le

combat, comment s'était-il trouvé entraîné dans cette bagarre ?

## XII

Telle était la situation d'esprit de Félicité Vaulthier, quand tout à coup elle vit entrer chez elle une sœur de Charité. (C'était cette même sœur Thérèse dont nous avons déjà fait la connaissance.)

Tout étonnée de cette visite, elle s'empressa de lui demander ce qui la lui procurait.

« Je suis envoyée, dit la sœur, de la part de notre supérieure sœur Rosalie, qui n'a pu venir elle-même, et qui désirerait s'entretenir avec vous pour des choses qui vous intéressent.

— Sœur Rosalie ! j'en ai beaucoup entendu parler depuis que j'habite le quartier, mais je ne la connais pas; êtes-vous bien sûre que je suis la personne avec laquelle elle désire s'entretenir ?

— Ne vous appelez-vous pas Félicité Thuilier de votre nom de fille ? n'avez-vous pas épousé un ouvrier corroyeur du nom de Paul Vaul-

thier ? et n'êtes-vous pas mère de deux petites
filles ?

— Oui, c'est bien moi que désire voir sœur
Rosalie ; mais que me veut-elle ? aurait-elle
des renseignements à me donner sur le sort de
mon mari et de mon père ? en ce cas, me voilà
prête à vous suivre... ; hâtons-nous, ma sœur. »
Et déjà elle avait jeté un châle sur ses épaules et
s'apprêtait à sortir, quand sa petite fille se ré-
veilla et se mit à crier... Elle s'arrêta, parut
hésiter, puis dit tout bas à la sœur : « Sortons
doucement, ma sœur ; quand elle n'entendra
plus de bruit, elle se rendormira.

— Non, non, reprit la sœur, ce pauvre petit
ange ne sera pas de trop avec nous ; il faut la
lever, l'habiller, la faire manger et l'emporter
auprès de sœur Rosalie ; et votre autre petite
fille, où est-elle ?

— Elle est chez une voisine.

— Il faut l'emmener aussi avec nous.

— Mais croyez-vous que ces enfants n'im-
portuneront pas sœur Rosalie ?

— L'importuner !.... on voit bien que vous
ne la connaissez pas... D'ailleurs, si cela peut
vous décider, j'ajouterai que sœur Rosalie a
témoigné le désir de voir aussi vos enfants. »

Félicité se décida. Bientôt ses enfants furent

.

prêtes ; sœur Thérèse l'aida même à habiller la
petite Lucie, et elle le fit avec une adresse qui
émerveillait la mère, mais qui l'aurait moins
étonnée si elle avait su que sœur Thérèse avait
été longtemps directrice d'une crèche.

Ces préliminaires terminés, qui parurent
bien longs à l'impatience de la pauvre femme,
on fut bientôt rendu auprès de sœur Rosalie.
Souvent, en se rendant au marché des Pa-
triarches, elle avait passé, presque sans y faire
attention, devant cette modeste maison de la
rue de l'Épée-de-Bois, qui ne se distingue des
autres que par la simple croix de pierre qui
surmonte la porte d'entrée. Aujourd'hui avec
quelle émotion elle y entre ! comme son cœur
bat avec violence ! Sœur Thérèse la fait asseoir
sur un banc de bois de l'humble parloir, pendant qu'elle va prévenir sœur Rosalie.

Félicité n'attendit pas longtemps. Sœur Rosalie, ouvrant elle-même la porte de son cabinet, appela M<sup>me</sup> Vaulthier. Elle se leva aussitôt,
et fut introduite dans ce cabinet, dont l'ameu-
blement n'était guère plus riche que celui de
l'antichambre ; seulement il y avait de plus
un secrétaire, ou plutôt une table servant de
secrétaire, et un prie-Dieu surmonté d'un
crucifix.

Sœur Rosalie la fit asseoir; puis se plaçant devant elle et la regardant avec cet air de bonté, de douceur, de sympathie, qui ne manquait jamais son effet sur ses interlocuteurs, elle lui dit : « Ma bonne amie, je vous ai fait venir pour vous apprendre une triste nouvelle, mais à laquelle vous devez être préparée depuis quelques jours ; car dans ces temps de calamité on doit s'attendre à tout !

— Vous voulez m'annoncer la mort de mon mari ?

— De votre mari et de votre père, ma pauvre femme, » répondit sœur Rosalie en prenant les mains de la veuve et en les serrant avec effusion.

Félicité, qui depuis longtemps ne pleurait plus, et qui disait : « La source de mes larmes est sans doute tarie, » éclata tout à coup en sanglots.

Sœur Rosalie la laissa pleurer, et, prenant par la main la petite Joséphine qui commençait à larmoyer, elle l'attira à elle, la caressa, lui donna des images et du bonbon, pour elle et pour sa petite sœur, et elle parvint facilement à la calmer.

Quand la veuve Vaulthier, car nous pouvons désormais lui donner ce nom, fut en état de parler, elle demanda à la sœur des détails sur

les deux funestes nouvelles que celle-ci venait
de lui apprendre. « Tous les détails que je sais
sont renfermés dans cette lettre que m'a écrite
le curé de S***, qui depuis plus de quinze jours
est venu aider les aumôniers de l'hôpital de ***,
où votre père a été transporté et où il est mort. »
En même temps elle lui remit la lettre, que la
pauvre veuve s'empressa de lire à travers ses
larmes. Voici cette lettre :

## XIII

### *Le curé de S*** à sœur Rosalie.*

« Je viens, ma chère sœur, de me charger,
en votre nom, d'une bonne œuvre ; c'est le legs
d'un mourant dont les derniers moments ont
été adoucis par cette pensée, que ce legs serait
accepté par vous. Voici en deux mots de quoi
il s'agit :

« Dans la soirée de mercredi dernier on ap-
porta à l'hôpital de *** un vieillard dangereu-
sement blessé d'un coup de feu ; ce n'était pas
évidemment un combattant, et il n'avait pas dû
provoquer le coup qui l'avait frappé.

Blanche et Isabelle.                                   4

« Après le premier pansement, il demanda un prêtre; je me trouvais là, je fus bientôt installé auprès de lui, et nous eûmes ensemble une longue conversation.

« Il se nommait Thuilier, et était contre-maître chez M. C***, fabricant de cuirs, rue Mauconseil. Il n'a qu'une enfant, une fille, qu'il a mariée il y a cinq à six ans à un ouvrier corroyeur nommé Paul Vaulthier. Sa fille se nomme Félicité, et a deux petits enfants en bas âge; elle demeure rue Gracieuse, 10, tout à côté de votre maison, ma sœur.

« Son gendre, à ce qu'il paraît, a pris une part active à l'insurrection, et a été tué dans l'attaque ou dans la défense du clos Saint-La-zare. Le père Thuilier apprit cette nouvelle de la bouche de deux ouvriers camarades de son gendre qui avaient été témoins de sa mort. Aussitôt, ne songeant qu'à sa fille, seule aban-donnée avec ses deux enfants dans un quartier où grondait l'émeute, il se mit en route pour aller la trouver et la ramener avec lui. Aucun obstacle ne l'arrêta; son costume d'ouvrier, le nom de son gendre, qui paraissait bien connu des insurgés, son âge, le motif de sa course à travers Paris, motif qu'il exposait naïvement, tout cela lui servit comme de passe-port pen-

dant une partie du trajet : mais, arrivé rue***,
il se trouva pris entre deux feux, et tomba
frappé d'une balle partie on ne sait de quel côté.
Il fut transporté à une ambulance voisine, et
ensuite à notre hôpital.

« Après avoir entendu son histoire, je cher-
chai à donner à ce pauvre vieillard les seules
consolations compatibles avec sa position, consolations qu'offre la religion. Il les accueillit
avec plaisir, et bientôt il me dit : « Tenez, mon-
« sieur le curé, je conviens que j'ai passé ma
« vie sans beaucoup m'occuper de religion ;
« mais ce n'était de ma part ni haine ni mé-
« pris, et aujourd'hui je suis bien résolu à
« mourir chrétiennement. » Enchanté de ces
bonnes dispositions, je le confessai, et peu
après je lui administrai le saint Sacrement en
viatique. Il le reçut avec une piété, une ferveur
et une foi vraiment édifiantes.

« Quelques instants après il me fit appeler
de nouveau. C'était pour me remettre quatre
billets de banque de cent francs qu'il avait ca-
chés je ne sais comment, et qu'il désirait faire
passer à sa fille. Ce fut alors qu'il me donna son
nom et son adresse, ajoutant qu'il aurait dû
lui laisser au moins dix mille francs, mais
qu'un fripon dont son gendre avait été la dupe

lui avait enlevé toutes ses économies. « Mainte-
« nant, continua-t-il, la pauvre enfant, que va-
« t-elle devenir avec ses deux petites filles?

« — Mais, lui dis-je, ne vous en tourmentez
« point; elle a pour voisine sœur Rosalie, et
« sitôt que celle-ci connaîtra sa détresse, elle
« s'empressera de la secourir.

« — J'ai beaucoup, et depuis plus de qua-
« rante ans, entendu parler de sœur Rosalie :
« mais je connais ma fille, elle est timide, elle
« n'osera jamais aller lui exposer ses peines,
« moins encore implorer ses secours, car elle
« est fière.

« — Eh bien! si elle ne va pas trouver sœur
« Rosalie, c'est sœur Rosalie qui ira la trou-
« ver.

« — Mais comment saura-t-elle seulement
« que ma fille est sa voisine et qu'elle est dans
« le besoin? car je connais Félicité, elle cache
« sa misère avec autant de soin que d'autres
« en mettent à en faire parade.

« — Tranquillisez-vous encore sur ce point,
« mon brave homme, ajoutai-je, c'est moi
« qui me charge d'instruire sœur Rosalie. Je
« lui rendrai compte exactement de notre con-
« versation de tout à l'heure, et je la prierai de
« remettre à votre fille les quatre cents francs

« que vous venez de me confier. Je ne doute
« pas qu'en voyant la situation de vos enfants,
« elle, la mère des veuves et des orphelins, ne
« s'empresse de les adopter dans sa famille déjà
« si nombreuse.

« — Vous me faites grand bien, monsieur
« le curé, de me dire cela, et je sens que je
« mourrai plus tranquille. »

« Tel est l'engagement que j'ai pris pour
vous, ma chère sœur, et je vous connais assez
pour être convaincu que vous le remplirez complétement.

« Le pauvre homme est mort avant-hier à
huit heures du soir, en donnant jusqu'au dernier moment des signes non équivoques de foi,
de résignation et de piété. Le nom de sa fille et
de ses petits-enfants revenait fréquemment sur
ses lèvres et dans ses dernières prières. Nous
l'avons enterré ce matin, et je m'empresse,
aussitôt l'absoute terminée, de vous adresser
cette lettre, car il doit être bien temps de veiller
sur cette pauvre famille, et tout retard pourrait
avoir des suites funestes.

« Recevez, etc.

« P..., curé de S... »

## XIV

Sans entrer dans des détails qui nous mène-
raient trop loin, nous dirons que les vœux du
père Thuilier furent complétement exaucés, et
les prévisions du bon curé de S... amplement
accomplies. A compter de ce jour, la veuve de
Paul Vaulthier devint une des protégées et
des filles adoptives de sœur Rosalie. Elle se
laissa facilement gagner aux charmes de cette
parole touchante et persuasive, qui savait faire
pénétrer la consolation et l'espérance dans les
cœurs les plus ulcérés par le désespoir et la douleur. Peu à peu elle se rattacha à la vie, non
dans l'espoir de se livrer encore aux frivolités
mondaines qui l'avaient si longtemps occupée
(oh! de ce côté elle était bien morte au monde
et à toutes ses jouissances trompeuses); mais
elle voulut consacrer désormais son existence à
remplir ses devoirs de mère et de mère chré-
tienne. La prière, l'étude de la religion, qu'elle
avait si longtemps négligée, et les exercices de
piété, occupèrent une partie de son temps, et
elle y trouva des consolations abondantes et
inattendues.

Et remarquons que ce n'étaient pas les *prédications* de sœur Rosalie qui l'avaient portée à ce changement de vie. Car nous ferons observer que jamais cette sainte fille n'accompagnait ses bienfaits de ce qu'on a coutume d'appeler un *sermon ;* elle ne mettait à ses services aucune condition, persuadée qu'une bonne œuvre parle plus haut en faveur de la religion que les plus beaux discours. Et qu'avait-elle besoin de paroles pour faire aimer et bénir la religion? Sa vie tout entière, ses actes incessants de charité, sa sollicitude continuelle, active, intelligente envers les pauvres et tous ceux qui souffrent, n'était-ce pas en quelque sorte un discours vivant et perpétuel, qui proclamait avec la plus haute éloquence l'excellence de la religion?

Aussi la veuve Vaulthier se sentit portée à aimer et à vénérer sœur Rosalie de toute la tendresse qu'une fille peut avoir pour une mère digne du respect et de l'amour de ses enfants. Et comme un des effets ordinaires de l'amour est de nous porter à chercher autant que possible à imiter les personnes aimées, Félicité chercha à imiter la piété, la foi et les vertus de sa bienfaitrice. Sœur Rosalie, de son côté, ne tarda pas à s'apercevoir de cet heureux changement; elle n'eut par l'air devant sa protégée de l'avoir remarqué, mais cette circonstance redoubla l'intérêt qu'elle lui portait.

Ses enfans furent élevées dans les écoles des sœurs. Quand Joséphine eut fait sa première communion, elle fut placée en apprentissage chez une couturière de la rue Descartes dont la piété et les principes religieux étaient bien connus des bonnes sœurs.

La mère elle-même, d'après les conseils de sœur Rosalie, apprit un état, celui de giletière. Le produit de son travail aidait à la faire vivre ainsi que ses deux enfants. Le surplus, pour l'entretien, le loyer, le chauffage et l'éclairage, en hiver, était fourni, nous n'avons pas besoin de dire par qui.

Aussi la pauvre veuve, voyant ses enfants grandir, recevoir une éducation moins brillante mais plus solide que la sienne, se sentait aussi heureuse qu'il était possible de l'être dans sa situation.

Plusieurs années s'écoulèrent ainsi paisiblement; mais la maladie de sœur Rosalie vint détruire cette sérénité. La veuve Vaulthier, qui était souffrante depuis quelque temps, sentit son mal augmenter quand elle apprit cette triste nouvelle. Enfin la mort de la sœur vint rouvrir toutes les plaies de son cœur, que huit années avaient eu tant de peine à cicatriser.

Nous avons vu, par la scène du cimetière et ses suites, quels progrès le mal avait faits dans cette âme si cruellement ravagée.

## XV

Quand sœur Thérèse et la mère Robin l'eurent ramenée chez elle, elle parut écouter avec intérêt les touchantes consolations de l'une et les exhortations un peu burlesques de l'autre, mais qui n'en étaient pas moins l'expression d'un bon cœur.

Après leur départ, quand la veuve se trouva seule, car son aînée était retournée chez sa maîtresse d'apprentissage, et Lucie avait suivi la sœur à l'école, elle éprouva une de ces défaillances de l'âme comme elle en avait ressenti autrefois à l'époque des grandes catastrophes qui l'avaient frappée. En vain elle appelait à son secours la religion : son cœur semblait fermé à ses douces inspirations. Elle essaya de

prier : son esprit restait étranger aux paroles
que sa bouche formulait. Enfin elle s'assit sur
le bord de son lit, et resta longtemps absorbée
et comme engourdie par une sorte d'abattement
physique et moral.

Elle fut tout à coup tirée de sa rêverie par
quelques coups frappés à sa porte. « Entrez! »
fit-elle machinalement; et au même instant une
belle dame couverte de riches fourrures entra
dans sa mansarde. « C'est bien vous, dit-elle
d'un son de voix des plus doux et des plus
gracieux, c'est vous qui êtes la veuve Vaulthier?

— Oui, Madame : qu'y a-t-il pour votre service?

— Je viens, répondit la dame, de la part de
sœur Rosalie, vous faire une proposition que
vous accepterez, je pense, dans votre intérêt et
dans celui de vos enfants.

— De la part de sœur Rosalie! s'écria la veuve
d'un air étonné.

— Oui, de la part de sœur Rosalie, répéta la
dame : cela paraît vous surprendre; mais un
mot d'explication aura bientôt fait cesser votre
étonnement. Il y a bien longtemps que je connaissais sœur Rosalie; elle avait quelquefois la
bonté de m'associer à ses bonnes œuvres, car

nous autres femmes du monde, quand nous
voulons faire un peu de bien, nous serions
exposées à bien des erreurs si nous n'avions
pour nous éclairer les lumières et l'expérience
de saintes filles comme sœur Rosalie. Quelques-
unes de mes amies et moi, nous avons fondé,
rue du Regard, un ouvroir pour les jeunes or-
phelines, et sœur Rosalie nous fournissait la
plupart de nos sujets. Elle m'avait depuis longtemps parlé de vos petites filles et de vous-
même, m'engageant à vous prendre dans mon
établissement quand elle ne serait plus; car la
sainte fille sentait sa mort approcher, et elle voulait que le bien qu'elle avait fait lui survécût.

— Comment, Madame, sœur Rosalie a daigné
vous parler de moi?

— Oui, ma bonne, elle m'en a parlé, et souvent; elle m'a même raconté toute votre histoire. Depuis sa mort, je songeais chaque jour
à venir à la communauté savoir votre adresse,
quand j'ai reçu ce matin la visite du docteur X***,
qui vous a soignée ces jours derniers, et qui
m'a fait connaître en même temps votre domicile. Maintenant je reviens à ma proposition :
vous entrerez comme surveillante dans l'ouvroir; votre fille, qui a fini ou qui est sur le
point de finir son apprentissage, y entrera en

qualité de sous-maîtresse, et la plus jeune, quand elle aura fait sa première communion, y sera reçue comme élève. »

Cette proposition inattendue, le nom de sœur Rosalie invoqué avec tant de délicatesse et d'à-propos, l'avenir de ses filles assuré, tout cela fit une heureuse diversion aux idées sombres qui préoccupaient la veuve depuis quelque temps.

La proposition de la dame, communiquée à sœur Thérèse et aux autres sœurs de la rue de l'Épée-de-Bois, fut accueillie avec enthousiasme. Bientôt la veuve et ses deux enfants furent installées rue du Regard. Le calme revint peu à peu dans son cœur si cruellement éprouvé. Ses nouvelles fonctions lui procurèrent des distractions, et la préservèrent de retomber dans ces sombres réflexions auxquelles l'isolement la livrait sans défense.

Souvent le dimanche, quand le temps le permet, elle se dirige avec ses deux enfants vers le cimetière Mont-Parnasse, et va s'agenouiller pendant longtemps auprès du si modeste monument élevé *à la mémoire de la bonne sœur Rosalie, par ses amis les pauvres et les riches* (1),

(1) Inscription textuelle du monument.

et à l'érection duquel a contribué le denier de
la veuve du faubourg Saint-Marceau. Elle n'ou-
blie pas non plus la mère Robin, et de temps
en temps elle lui rend une visite ; mais elle
choisit les jours où la rue de la Gaieté ne reçoit
pas ses hôtes habituels.

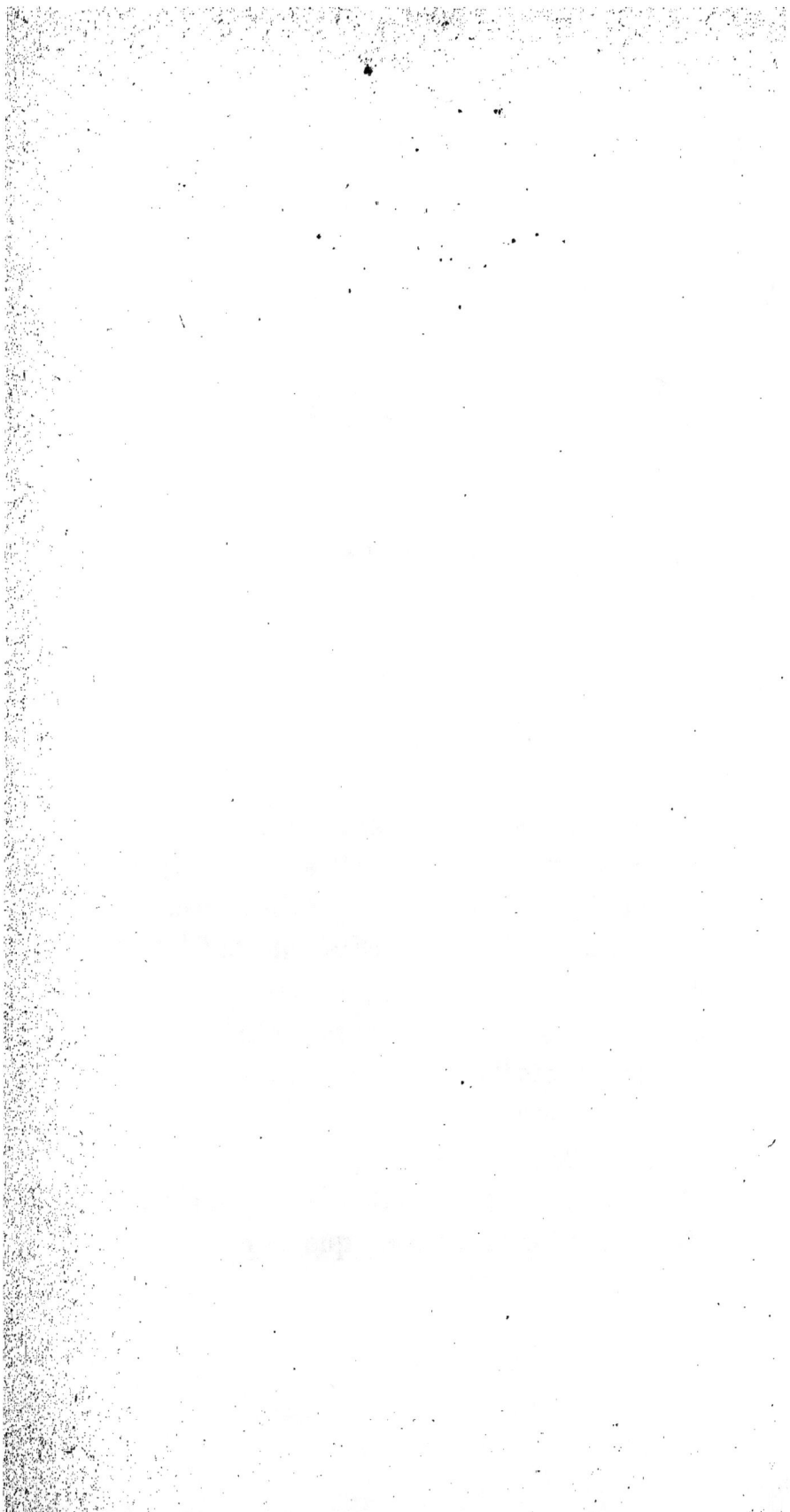

# CHUTE

## ET

# RÉHABILITATION

——◆——

## I

« Eh bien ! Madame, comment trouvez-vous notre pensionnat de demoiselles, pour un pensionnat d'une petite ville de province? » disait M. Laborie, maire de la petite ville de G***, à Mme la baronne de Castille, qui était venue lui demander des renseignements sur cet établissement, et à qui il n'avait répondu que ces mots: Madame, voyez-le.

« Je le trouve admirable, Monsieur, répondit la baronne, et j'aurais dix filles à placer, comme je n'en ai qu'une, que je n'hésiterais pas un instant.

— Auriez-vous la bonté de me dire, Madame, ce qui vous a le plus frappée dans cet établissement? Est-ce la bonne tenue des élèves, leur brillante santé, l'heureuse disposition des bâtiments, des cours et des jardins, l'ordre et la propreté qui règnent partout?

— Tout cela, Monsieur, m'a paru parfait sans doute; mais on peut le trouver ailleurs. Ce qu'on n'y rencontre pas souvent, et ce qui m'a réellement jetée dans l'admiration, c'est la maîtresse de pension elle-même. Son ton simple et affable, ses manières gracieuses et distinguées vous plaisent d'abord; puis, quand vous avez causé quelque temps avec elle, vous restez sous le charme d'une conversation intéressante, spirituelle et enjouée. On devine facilement qu'elle a l'esprit orné d'une instruction solide et variée, mais elle craint de le faire paraître, de peur de passer pour pédante; on devine aussi facilement que son cœur est ouvert aux sentiments nobles, élevés, religieux : d'où l'on conclut qu'elle doit donner à ses élèves des leçons d'une morale douce et pure, quoique inflexible. En résumé, cette dame me paraîtrait aussi bien placée dans le grand monde, à la cour, dans un salon princier, qu'elle l'est à la tête d'un pensionnat; et c'est là ce qui me semble

surtout constituer le mérite d'une telle femme,
de savoir se plier à la position où sans doute
quelque événement l'a précipitée, sans y paraître déplacée, et tout en conservant la distinction propre au rang d'où elle est tombée.

— Ainsi, vous ne pensez pas, Madame, que
M^{me} de Valery ait été dans l'origine destinée à
devenir maîtresse de pension ?

— Non certes, je ne le pense pas, monsieur
le maire, et ne le penserai jamais, jusqu'à
preuve du contraire.

— Madame, cela fait honneur à votre saga-
cité; non, M^{me} de Valery n'était point destinée
à être maîtresse de pension; elle avait été élevée
pour briller dans ce grand monde dont vous
parliez tout à l'heure, et elle y a même brillé
quelque temps; puis des circonstances impé-
rieuses l'ont jetée dans la carrière qu'elle a
embrassée, et qu'elle a parcourue avec un
honneur et un mérite au-dessus de tout
éloge.

« Quand vous me demandiez des détails sur
cet établissement, je n'ai pas voulu vous dire
toutes ces choses, et je vous ai engagée à voir
par vous-même, parce que vous m'auriez cru
difficilement. Vous vous seriez dit : Voilà le
maire d'une petite ville connue jusqu'ici par

ses forges et la bonne qualité de ses fers, qui
ne serait pas fâché de donner au pays qu'il
administre un autre genre de renommée, celle
de l'éducation des demoiselles. Maintenant que
vous avez vu de vos propres yeux, mes renseignements deviennent tout à fait inutiles.

— Non certainement, je n'ai plus de renseignements à vous demander sur le pensionnat;
mais ce que je désirerais savoir, c'est comment
M^me de Valery a été entraînée à quitter sa position dans le monde pour devenir maîtresse de
pension. Il doit y avoir là une histoire bien
intéressante, et que je tiendrais beaucoup à
connaître, si toutefois vous la connaissiez vous-
même, et que vous ne soyez pas engagé à la
tenir secrète. En pareil cas, vous devez penser
que je ne voudrais à aucun prix vous faire com-
mettre une indiscrétion.

— Si vous m'eussiez demandé cette histoire
il y a six mois seulement, je n'aurais pu, par
discrétion, vous satisfaire. Mais aujourd'hui il
n'y a aucun inconvénient, et je vais vous la
raconter en deux mots. »

## II

« M<sup>lle</sup> Jeanne de Rouville était restée orphe-
line de père et de mère avec quatre cent mille
francs de fortune. Ses biens furent administrés
avec beaucoup d'ordre par son grand-père ma-
ternel, le comte de Valery, de sorte que, quand
elle eut atteint l'âge d'être mariée, le tuteur
avait une centaine de mille francs à ajouter à la
dot, produit des revenus économisés pendant la
minorité de sa pupille.

Avec cinq cent mille francs de dot comp-
tants les partis ne devaient pas manquer ; mais
elle avait été en quelque sorte fiancée dès l'enfance avec Léon de Valery, son cousin, et il ne
lui vint jamais à l'idée qu'un autre que lui pût
posséder sa main. Léon, de son côté, comptait
bien épouser sa cousine, mais moins peut-être
par l'affection qu'il lui portait que pour apaiser,
en contractant ce mariage, une foule de créanciers qu'il avait tous ajournés à ce moment pour
les solder.

En effet, depuis cinq ans, Léon, maître de
sa fortune, avait mené joyeuse vie, contracté

des dettes; et, quoique au fond il aimât sincère-
ment sa cousine, il aimait encore mieux la vie
de garçon, et il l'aurait continuée volontiers
encore quelques années, sans le puissant motif
dont nous venons de parler. Il avait épuisé
toutes ses ressources; le mariage était la dernière, et déjà il en avait usé en partie.

Restée en pension jusqu'à l'âge de dix-huit
ans, M$^{lle}$ de Rouville ignorait complétement la
conduite de son cousin. Elle ne quitta la maison
où elle avait été élevée que le jour où son grand-
père, le comte de Valery, vint la chercher pour
la conduire au pied de l'autel et lui faire épouser
son petit-fils, le vicomte Léon de Valery. Le
bonhomme avait bien entendu parler de la conduite un peu légère de ce petit-fils, mais il
ignorait jusqu'où étaient allés ses déportements;
d'ailleurs il s'aveuglait beaucoup sur le compte
de ce dernier rejeton mâle de sa famille; il appelait du nom d'étourderie de jeunesse ce qu'on
lui avait rapporté, et pensait que le mariage l'en
corrigerait bientôt. Il crut néanmoins devoir lui
faire une verte semonce avant la cérémonie, et
lui donner de sages avis, que le jeune homme
écouta d'un air distrait, en promettant sur son
honneur de gentilhomme de s'y conformer.

Aussitôt après le mariage, les nouveaux

époux furent installés dans un fort bel hôtel de
la rue du Helder, que Léon avait magnifique-
ment meublé quelques jours auparavant. Il y
avait deux attelages dans les remises, et un
nombreux domestique. Comment avait-il satis-
fait à toutes ces dépenses, lui qui déjà était
ruiné? C'est bien simple : il avait reçu, lors du
contrat de mariage, les cent mille francs produit des économies faites par son grand-père
sur les revenus de sa femme. Avec cette somme,
ou simplement en la faisant briller aux yeux de
ses principaux créanciers, qui étaient son car-
rossier, et en leur donnant quelques faibles à-
compte, il en avait obtenu facilement de nouvelles fournitures à crédit pour plus de trente
mille francs.

Léon présenta sa femme dans le monde,
et partout elle reçut l'accueil que méritaient
sa beauté, son esprit et ses grâces. A peine
les nouveaux époux pouvaient-ils répondre à
toutes les invitations qui leur étaient adressées
de tous côtés : puis il fallut rendre des dîners
et des fêtes, avoir un jour de réception par
semaine, une loge à l'Opéra et une autre aux
Italiens.

La jeune femme, sans expérience, pleine

d'une confiance aveugle en son mari, se laissait facilement entraîner au tourbillon du monde, ne croyant pas, comme le lui disait le vicomte, qu'un vie plus calme et plus retirée fût convenable à des gens de leur condition.

La mort de leur grand-père vint suspendre pendant quelque temps ce mouvement continuel de plaisirs. Il fallut prendre le deuil, et cesser de paraître dans les bals et les soirées. Cet événement arriva fort à propos pour le vicomte, que ses créanciers commençaient à tourmenter de nouveau. Il leur jeta à la tête quelques bribes de la modeste succession de son aïeul; car le comte de Valery avait donné à ses enfants, de son vivant, la plus grande partie de sa fortune, et le peu qui lui était resté se partageait en un assez grand nombre de branches, ce qui rendait chaque portion fort minime. Quoi qu'il en soit, à l'aide de ces fragments distribués à propos, à l'aide de son nouveau titre de comte qu'il avait pris à la mort de son grand-père, à l'aide enfin de quelques spéculations heureuses qu'il avait faites à la Bourse (car j'avais oublié de vous dire qu'il jouait à la bourse), M. de Valery parvint encore pendant quelque temps à jeter, comme on le dit, de la poudre aux yeux et à dissimuler le véritable état de ses affaires.

Le deuil terminé, il reprit son train de vie
avec une nouvelle ardeur, je devrais dire avec
une nouvelle fureur. Les bals, les fêtes, les
parties de campagne se succédaient sans inter-
ruption, ce qui ne l'empêchait point de continuer de jouer à la Bourse.

## III

Enfin, après deux ans de cette existence
ultra-mondaine, la bombe éclata. M. de Valery
éprouva coup sur coup des pertes énormes à la
Bourse, et tous ses créanciers, comme s'ils se
fussent donné le mot, vinrent le même jour
fondre sur lui.

Jusque-là M^me de Valery ne s'était jamais
doutée de leur situation financière. Rien ne lui
avait manqué, même pour satisfaire ses caprices
les plus dispendieux ; elle croyait donc la source
de sa fortune intarissable, et, pleine d'insou-
ciance, elle ne rêvait que toilettes nouvelles ou
brillantes fêtes.

Cependant depuis quelques jours elle s'a-
percevait parmi ses domestiques de certains
chuchotements qui éveillèrent ses soupçons ;

elle comprit bientôt qu'il se passait des choses
extraordinaires. Elle questionna la femme de
chambre; celle-ci eut d'abord l'air de ne rien
comprendre, elle dit qu'elle ne savait rien, et
finit par avouer que le bruit courait parmi la
livrée que Monsieur avait fait de mauvaises spéculations à la Bourse, et qu'il était ruiné.

M^{me} de Valery, qui s'attendait à toute autre
chose, répondit en haussant les épaules :
« Quelle absurdité! »

En ce moment M. de Valery entra dans sa
chambre; il avait un air soucieux et préoccupé
qu'elle ne lui connaissait pas encore : « Qu'a-
vez-vous donc, Léon? lui dit-elle avec inquié-
tude; en vérité vous ne seriez pas plus triste,
si le bruit ridicule qui court parmi vos gens
était vrai.

— Et quel est ce bruit? » demanda-t-il. Elle
lui raconta ce que venait de lui dire sa femme
de chambre.

« Eh bien! Madame, reprit M. de Valery
d'un ton grave, ce bruit n'est que trop vrai :
oui, je suis ruiné; il y a longtemps que ce dé-
sastre me menaçait : j'ai toujours voulu vous le
cacher, dans l'espoir qu'un coup heureux à la
Bourse me relèverait; c'est le contraire qui est
arrivé. Aujourd'hui je suis bien forcé de tout

vous avouer ; car déjà une foule de mes créanciers sont ici, et avec eux des huissiers qui, en
vertu d'une ordonnance de *référé*, vont saisir
une partie de nos meubles ; mais je viens vous
demander de me signer un pouvoir pour former
une opposition à cette saisie, car vos reprises
matrimoniales priment toutes ces créances et
doivent passer avant elles.

— Je ne vous comprends pas, mon ami ; si
vous êtes ruiné, je le suis aussi, car je dois
partager votre bonne comme votre mauvaise
fortune.

— Mais non, Madame, vous ne partagerez
pas ma mauvaise fortune, et je m'y oppose de
tous mes efforts. Ce qui vous appartient en
propre, votre dot, est notre seule ressource
pour notre avenir et pour celui de l'enfant que
vous allez bientôt mettre au monde. Nous
sommes mariés sous le régime de la séparation
de biens, et la loi ne permet pas de toucher un
centime de votre patrimoine. »

M^me de Valery est une de ces femmes dont
l'intelligence éclairée saisit du premier coup les
questions les plus compliquées, et dont le juge-
ment sain sait prendre sur-le-champ la résolution qu'elle croit la plus conforme à la morale
et à la justice, et, une fois cette résolution

4*

prise, elle s'y attache d'une manière inébranlable.

« Que me parlez-vous ici de reprises matrimoniales, de dot, de séparation de biens? Je ne connais qu'une chose, Léon : si vos créanciers ne sont pas payés, votre nom sera déshonoré; et ce nom, c'est.celui que je porte, c'est celui que portera notre enfant dont vous me parliez tout à l'heure.

— Mais savez-vous, ma chère amie, que votre fortune même ne suffirait pas à combler le gouffre de mes dettes? et alors que nous restera-t-il pour vivre?

— Il nous restera l'honneur; il nous restera le droit de travailler, la tête haute et fière, au rétablissement de votre fortune; car, voyez-vous, mon ami, j'ai déjà mes projets, et j'espère que Dieu les bénira; mais avant tout il faut songer à ne pas laisser une tache sur notre nom. On dit que noblesse oblige, mais devoir oblige encore davantage; ainsi n'oublions jamais cette belle devise de nos nobles aïeux : *Fais ce que dois, advienne que pourra!* Voyez, Léon, ajouta-t-elle du ton le plus affectueux, je ne vous fais point de reproches d'avoir dissipé peut-être par imprudence votre fortune; je ne vous reprocherai pas non plus des dépenses exagérées auxquelles j'ai participé; mais ce que je vous reprocherais comme un crime, ce que je ne pourrais jamais vous pardonner, ce serait de faire quelque chose contre votre honneur de gentilhomme, contre les règles de la probité et de la justice qui doivent distinguer un honnête homme et un chrétien. Maintenant, si vous m'avez bien comprise, hâtons-nous d'en finir au plus tôt. Vos créanciers sont là qui attendent; faites-les entrer, je vais m'entendre avec eux. »

M. de Valery, subjugué par le ton résolu de sa femme, ne fit plus d'objections. Il fit prévenir par un domestique les créanciers qui depuis longtemps attendaient dans l'antichambre, et qui, en apprenant qu'on les demandait, se précipitèrent comme une meute affamée dans la chambre de Mᵐᵉ de Valery. En les entendant venir, elle éprouva un serrement de cœur involontaire, et leva les yeux au ciel pour lui demander la force d'accomplir son sacrifice. Puis, se remettant presque aussitôt, elle leur adressa la parole avec ce ton si doux, si persuasif, qu'il serait impossible même à des créanciers d'y résister; mais quand elle leur déclara qu'elle renonçait à exercer toute espèce de reprise matrimoniale, et que même elle entendait consa-

crer tout son bien au paiement des dettes de
son mari, demandant pour toute condition
qu'on lui accordât un délai raisonnable pour
solder le reste, ils croyaient rêver tout éveillés.
Un concert de louanges succéda aux impréca-
tions qui sortaient tout à l'heure de leurs bou-
ches. Un notaire fut aussitôt appelé, et, d'après
la liquidation et le traité qui en fut la suite,
il fut convenu que les créanciers recevraient
immédiatement, ou dans un délai rapproché,
quatre-vingts pour cent de leurs créances; quant
aux vingt pour cent restants (qui formaient encore une somme de près de cent mille francs),
M. et M^me de Valery s'obligèrent de les payer
dans un délai de quinze ans, avec intérêts à cinq
pour cent.

Pendant qu'on terminait ces arrangements,
M^me de Valery préparait l'exécution du projet
dont elle avait parlé à son mari. Elle écrivit à
M. le marquis de Beauchêne, son parent éloi-
gné, propriétaire des forges de G***, et lui demanda une place pour son mari dans son établissement; en même temps elle le priait de lui
dire si, dans la petite ville de G*** ou dans les
environs, il n'y aurait pas moyen d'établir un
pensionnat de demoiselles. La réponse ne se fit
pas attendre, et elle fut favorable.

C'était quelques instants après la signature du traité. M^me de Valery prit son mari à part, et lui dit : « Mon ami, nous étions tombés; maintenant il faut nous relever. Nous en avons l'un et l'autre les moyens; il s'agit de les employer avec courage, avec persévérance, et je vous garantis qu'avec la grâce de Dieu nous réussirons. Il faut d'abord quitter Paris, et aller au loin dans la province, chercher un air plus pur que celui qu'on respire à la Bourse et dans les salons de la grande ville. J'ai eu, comme vous le savez, d'assez brillants succès dans mes études; chaque année je remportais tous les premiers prix de ma division; ma maîtresse de pension a désiré, pour sa propre satisfaction, que je subisse les examens afin d'obtenir le brevet de capacité pour l'enseignement du degré le plus élevé; je me suis prêtée à ses désirs, et j'ai obtenu ce brevet, dont je ne comptais pas plus faire usage que vous du diplôme d'avocat que vous avez obtenu à l'École de droit. Eh bien, aujourd'hui je regarde cette idée de ma maîtresse comme une inspiration de la Providence; je vais utiliser ce brevet pour fonder en province un établissement, qui, je l'espère, réussira. De votre côté, vous trouverez chez mon cousin, le marquis de Beauchêne, un emploi convenable; dans ce moment, ses forges prennent une extension considérable par suite des fournitures de rails auxquelles il s'est engagé envers des compagnies de chemins de fer; je ne doute pas qu'avec l'intelligence des affaires que vous avez acquise, vous ne deveniez bientôt pour lui un utile employé. Voilà ce que j'ai trouvé pour vous. Ce n'est pas brillant, j'en conviens; mais ce qu'il faut avant tout éviter, c'est l'oisiveté, et si vous remplissez avec courage et exactitude le modeste emploi qui se présente en ce moment, soyez persuadé que vous en obtiendrez bientôt un plus important et plus digne de votre capacité.»

Entraîné, subjugué par l'ascendant que sa femme exerçait sur lui, M. de Valery accepta sans hésiter. « Maintenant, dit M<sup>me</sup> de Valery, ce n'est pas tout que de prendre une bonne résolution, il faut l'exécuter sur-le-champ, et sans regarder en arrière. »

## IV

Un jour M. le marquis de Beauchêne vint chez moi, accompagné de deux étrangers. C'étaient M. et M$^{me}$ de Valery. « Voilà, me dit-il en entrant, deux nouveaux administrés que je vous présente : M. le comte de Valery, qui vient travailler comme simple commis dans mes bureaux, et M$^{me}$ la comtesse sa femme, qui désire établir un pensionnat de demoiselle dans votre ville. Je vous préviens que Madame est pourvue de tous les brevets et diplômes nécessaires, délivrés par l'académie de Paris; il ne s'agit plus que de lui trouver un local convenable, et d'user de votre influence pour le garnir d'élèves. J'ai compté sur vous, monsieur le maire, pour me seconder dans cette affaire, et j'espère que je n'y aurai pas compté en vain. »

J'assurai M. le marquis et ses protégés de ma bonne volonté, et, pour lui en donner sur-le-champ des preuves, je leur dis que je connaissais un grand bâtiment avec jardin à louer, qui me paraissait parfaitement propre au but indi-

qué. Nous allâmes le voir sans délai; M<sup>me</sup> de
Valery le trouva de son goût, et le bail en fut
aussitôt passé. C'est le même bâtiment que vous
avez visité tout à l'heure. Il est vrai qu'il est
méconnaissable aujourd'hui eu égard à ce qu'il
était alors, par suite des changements considé-
rables qu'elle y a apportés.

M<sup>me</sup> de Valery s'installa sur-le-champ, et
bientôt son pensionnat se remplit de telle manière, qu'elle fut obligée de refuser des élèves
et de faire un choix parmi celles qu'elle pouvait
admettre. En peu d'années, la prospérité de
son établissement lui permit de l'agrandir,
d'y faire les dispositions les plus convenables
pour les classes, les dortoirs, les réfectoires,
les salles d'étude, et cependant de mettre de
côté une certaine somme destinée à l'amor-
tissement de sa dette. De son côté, son mari,
stimulé par l'exemple de sa femme, avait
obtenu un avancement rapide. Il avait été
chargé par son patron de plusieurs opérations
importantes, et les avait terminées d'une manière si avantageuse, que M. de Beauchêne
l'avait admis dans une part des bénéfices de
son établissement. Il était résulté de là que
M. de Valery avait pu joindre aussi chaque
année une somme à celle que sa femme mettait

en réserve pour achever de payer leurs créanciers.

Enfin, il y a environ six mois, à force d'ordre
et d'économie, après huit années d'un travail
assidu, M. et M^me de Valery étaient parvenus
à réunir la somme complète pour se libérer.
Le notaire rédacteur du traité fut prévenu;
ces fonds furent mis à sa disposition et déposés
à la banque de France; il réunit tous les créanciers, les solda, leur fit signer une quittance
définitive, et les renvoya émerveillés d'avoir eu
affaire à de pareils débiteurs.

Ce jour-là fut un beau jour de fête dans la
famille Valery. Madame voulut le célébrer avec
quelques amis, et comme j'ai l'honneur d'être
du nombre, je fus invité avec M. le curé et
M. le marquis de Beauchêne. Ce dernier, qui
savait toute l'histoire, et qui apprécie le mérite
de sa cousine, était radieux : il ne put s'empêcher de raconter ce que je viens de vous dire,
malgré les signes que lui faisait sa cousine.
« Eh! lui disait-il, pourquoi ne publierais-je
pas hautement ce que vous avez fait? Votre
mari avait laissé tomber une tache sur son
blason : eh bien! vous et lui vous l'avez noble-
ment effacée, et aujourd'hui il brille du plus
pur éclat. »

Je ne pus m'empêcher d'exprimer une crainte
à M^{me} de Valery : c'était que maintenant que
ses affaires étaient arrangées, elle ne songeât à
nous quitter.

« Oh! pour cela, me répondit-elle, ne le
craignez pas! J'ai trouvé à G*** une paix et un
bonheur que certes je n'irai pas redemander à
un monde frivole qui m'a depuis longtemps
oubliée et que je paie bien de retour. Puis,
voyez-vous, ajouta-t-elle, j'ai pris au sérieux
l'état dans lequel la Providence m'a placée, et
auquel sans doute elle m'avait destinée ; j'aime
mes élèves comme mes enfants, et par un bien-
fait dont je remercie Dieu tous les jours, il
m'a donné deux petites filles dont je veux faire
l'éducation avec mes pensionnaires. Si jamais je
songe à me retirer, ce ne serait toujours pas
avant d'avoir terminé l'éducation de mes chères
enfants. Alors l'âge et la fatigue me forceront
peut-être à prendre un repos devenu nécessaire ;
mais je vous le déclare, ce ne sera pas avant
d'avoir pourvu au sort de cet établissement, et
d'avoir placé à sa tête une personne capable d'en
maintenir la prospérité. »

Cette assurance me tranquillisa ; car les deux
petites filles de M^{me} de Valery ont l'une sept ans
à peine, et l'autre cinq ; c'est donc au moins

encore douze à quinze ans que nous pouvons espérer la posséder. »

M<sup>me</sup> de Castille remercia beaucoup M. le maire de son récit, et elle courut aussitôt retenir une place pour sa fille dans le pensionnat de M<sup>me</sup> de Valery.

FIN

7112. — Tours, impr. Mame.

www.ingramcontent.com/pod-product-compliance
Lightning Source LLC
Chambersburg PA
CBHW060144100426
42744CB00007B/899